篠田知和基

ヨーロッパの形

螺旋の文化史

八坂書房

［扉図版］

アントワーヌ・カロン
《アウグストゥス帝とティブルのシビュラ》部分
1580年頃　ルーヴル美術館

天空への上昇をあらわしながら螺旋を描く「ソロモン柱」
（本文の第1部第1章を参照）

◆ヨーロッパの形◆

目　次

蛇をかたどった
十六世紀末の燭台
アムステルダム国立美術館

数年前、『日本文化の基本形○△□』という本を出した。本書はそのヨーロッパ版である。日本の形は「丸三角四角」だった。ヨーロッパの形は二重螺旋である。

『日本文化の基本形○△□』は建築関係の人たちにも読まれた。しかし建築は専門外なので、専門の議論は差し控える。美術史の専門家でもないので、美術作品を取り上げても、それらについて、詳細を論ずることもしない。文学から出て、神話論をてがけ、文化論に至ったものである。文学や神話についてはより踏み込んだ議論をしたいところだが、ここでは文化の形を中心にして、特に生活文化にあらわれた反復性の形を追求する。

はじめに――螺旋階段のヨーロッパ

ヨーロッパの古い町を訪ねてきたという人に、どうでしたと聞いたら、石畳の道を歩いていて腰をいためて大変です、それに階段が多くてという返事だった。腰がいたくなったのは多分、飛行機のエコノミー症候群というもので、長時間狭いところでじっとすわっていたからと、重い荷物をひきずって歩いていたからで、石畳とはあまり関係もなさそうである。それにヨーロッパでも、本当に古い石畳の街路は少なくなった。それに対して階段というのはわからないでもない。ヨーロッパというのはある意味で階段の文化なのだといってもいい。というのは、前著『日本文化の基本形○△□』でも述べたが、日本では昔は平屋が中心で、二階三階が少なく、まして高層建築はなかった。五重塔は住むためのものでも、昇るためのものでもなかった。町屋では二階三階が規制されていた。御所も平屋づくりだった。それにたいして、諸外国、とりわけヨーロッパでは早くから四、五階建ての集合住宅や城郭が建てられており、またローマのスペイン広場のように広場が階段だったりしたし、都市にもよるが、街路も階段がおおかった。そして教会の鐘塔にも、城の天守へも、たいていは螺旋階段をぐるぐると昇ってゆくことが多く、ヨーロッパの古城めぐりといえば、これはもう階段につぐ階段なのである。そこで、ふだん書斎にとじこもっている学者の先生がヨーロッパへ行って腰をいためたといってもいささかの不思議もない。

それにしてもなぜあんなに階段が、それもあぶなっかしい螺旋階段ばかりなのだと、憤慨する人もいないわけではないが、歴史建造物にエレベーターを設置するなどというのは、文化破壊の蛮行の極で、ヨーロッパでは許されるはずがない。それ以上に、この螺旋階段というものが、ヨーロッパ文化のひとつの基本形なのである。イギリスの画家ウィリアム・ブレイクに《天使の階段（ヤコブの夢）》（167頁）という作品があり、ヤコブが見た夢なのだが、大きな螺旋階段を天使たちが昇り降りしている。天と地をつなぐ階段なのである。なぜ螺旋階段なのかといえば、まっすぐな梯子ではどこかに支えがなければ立たないが、螺旋階段で、それも螺旋の半径がおおきいものであれば支えがなくともそれだけで立つのである。先のほうは雲間に消えているが、ぐるぐると回っていればそのうち天につく。ネジの原理である。日本に種子島銃が渡来したとき、さっそくそれを分解して模倣しようとして、一番苦労したのがはじめて見るネジというものだったという話は有名だし、咸臨丸のころでさえ、アメリカへ渡った使節たちが荒物屋でネジを買ってきたという話もある。ネジのように、回して締める、プレスのように、回して圧力を加える、ドアのノブや水道の蛇口のように回して開けるという発想が日本にはなかった。日本だけではなく、歯車などの回転運動を基本にした機械文明が発達しなかった地域ではネジ、蛇口、あるいはぜんまい、コイルスプリングといったものが珍しかった。椅子にスプリングが入っていて、すわると弾力があるということですら、昔は珍しかった。弓などでもヨーロッパの機械式の弓はハンドルをぐるぐると回して弓をひきしぼった。そこからもちろん蒸気船のスクリュー、初期の飛行機のプロペラもでてきた。螺旋形の揚水機などというものも、アルキメデスのころからすでにあったのである。

第一部　形の文化史——ヨーロッパへの旅

スクリュー、プロペラに至る渦巻きがヨーロッパの機械文明の基本で、そこからヨーロッパ文化を支配する形が形成された。その結果として、たとえば食文化でもひねりパスタがあり、これは日本でもよく見かけるがねじりドーナツがある。そもそも祭りの日にはパン生地を紐のようにして、それを二本、三本と組み合わせて模様をつくったり、三つ編みにしたりして焼くのである。ドイツのブレーツェルはいつでも四葉のクローバーのような形になっているし、パリのバゲットでさえ、斜めに切れ目を入れて焼くのは、棒をひねって焼いた名残である。その原料の小麦は水車や風車で磨り臼を回して粉にした。食文化も回転運動ではじまり、鍋のシチューをかきまぜる料理人の腕まえでも、マヨネーズをこねる運動でも「回転」がヨーロッパの食文化の基本になる。

あるいは衣装や装束でも、ネクタイや、レースや、リボンをぐるぐると巻きつけて渦を巻いた布のなかにおさまるのが、ヨーロッパの宮廷風俗だったし、髪型も渦を巻いたが、さらに「かつら」というものがあり、宮廷の貴族は何段にも髪をカールさせたかつらをかぶっていた。かつらではなくとも、もともと生地の髪がカールしているのだが、それをかつらで強調して、それが正装になった。そもそも繊維文化は紡錘を回転させながら糸を縒る作業からはじまったが、コマのような紡錘にしろ、そのあとの糸車にしろ、世界の繊維文化と基本的には変わりないものの、ヨーロッパのそれは蒸気機関をつかった紡績工場に至るまで、終始、目の回るような高速の回転を伴い、それを可能にする機械装置の発達を生んでいった。

そして住まいには簡単な建売の個人住宅でも螺旋階段がつくられ、ホームセンターのようなところでも、既製の螺旋階段を売っているのである。公共施設では、ロンドンの新しい市庁舎は巨大な卵形の外観だがなかは空中をぐるぐると回る螺旋階段になっている。ヴァティカンでも屋根の上へと続く階段が巨大な螺旋階段で見物客たちが列をなして昇ってゆく。回っているうちに昇ってゆくのだが、回れば天へ達するという幻想があるのである。個人の住宅でも地下室から屋根裏まで、螺旋階段の周りに回転式に展開する建物の構造は一種の巻貝を思わせ、それが宇宙全体の螺旋構造を縮約すると同時に、家具の柱でもねじり柱がその全体の構造をミクロコスモスとしてあらわしていた。また、ベッドでも椅子でもコイルスプリングがついていたが、このコイルの形は、ボルト・ナットのネジ山や、回転式ドアの蝶つがいとともに、これもヨーロッパの住まいの形の基本になるのだった。

第一章　ローマ

1　サン＝ピエトロのひねり柱

世界遺産の旅というと、ヨーロッパではローマのヴァティカン、パリのルーヴルと郊外のヴェルサイユが思い浮かぶ。世界の観光客の数でいうと、スペインとフランスが一、二を争うが、文化遺産としてはヴァティカン、ルーヴル、それに大英博物館だろう。

そのヴァティカン、あるいはサン＝ピエトロ寺院を訪れて、まず目に入るのが、ドームの真下にある大天蓋《バルダッキーノ》であろう。二十メートルほどの大きな四本のひねり柱で天蓋を支えた祭壇で、頭頂までは二十七メートルほどになる。その柱は青銅製で黒褐色を呈している。六回ほどひねった形だが、三つの部分にわかれており、一番下は細かい螺旋模様の畝《リブ》が刻まれている。二段目は蔦が絡まる模様になっている。三段目はその延長だが、蔦だけではなく、鳥なども描かれている。これはヨーロッパ各地の特にバロック教会で模倣されていて、スペインでもドイツでもそっくりそのままの形であったり、あるいはさらに趣向をこらしたものだったりして、天へ昇るバロックの雲のデザインを強調しているのだが、(一)そのひとつイギリスのロスリンの教会のねじり柱は『ダ・ヴィンチ・コード』でとりあげられ、エルサレムのソロモン神殿で使われていた柱の形で、ヨーロッパではフリーメーソンの神殿に使われているという。

フリーメーソンの「神殿」というのは、ふつうは「ロッジ」という集会場で、たいていは窓もなければ、飾りもないただの四角い空間である。祭壇柱もあってもいいが、なくともよい。ある場合は、確かに伝説のソロモン神殿にあったというヤキンとボアズという柱が入口、あるいは奥におかれる。これはふつうはただの円柱である。

この柱がねじれている場合に「ソロモン柱」というのだが、それはそう言うようになっただけで、実際のソロモン神殿とは関係がなさそうである。ソロモン神殿をつくったヒラムが石工たちを組織して階級制度をつくり、後のフリーメーソンの基礎になったというのだが、そもそもソロモンとフリーメーソンでは時代が違いすぎる。ヨーロッパでフリーメーソンが組織されだしたのは十七世紀くらいで、そのもとにはゴシックの大聖堂の建築にたずさわった石工や建築家たちの組合があったとしても、紀元前のソロモンの時代の組織がそこに流れこんでくるということはなさそうである。十字軍だの、聖堂騎士団だののはたらきがあったとしても千年以上の時代の隔たりがあり、ソロモン神殿はローマ軍によって破壊されてあとかたもないのだし、(2) まず荒唐無稽である。フリーメーソンの伝説で、棟梁とその弟子が神殿の祭壇柱としてヤキンとボアズという柱を競争でつくったという伝説は確かにあるのだが、実際のソロモン神殿にそんなものがあったかどうか疑問というより、図面も写真もないのだから、知りようがない。ただ、ソロモン神殿を空想的に復元して描いた絵は中世でもいくつもあり、架空の図面もあって、そこではこのフリーメーソンの伝説が取り入れられて二本の柱が祭壇の前に立っているものが少なくない。ただしその場合は、まっすぐな青銅の柱で、かつ屋根も天蓋ものせない、ただの四メートルくらいの柱である。これがねじれている例は、『古代ユダヤ』という本の写本挿絵

ジャン・ロレンツォ・ベルニーニ
《バルダッキーノと聖ペテロの司教座》
バルダッキーノ：1624-33年　ヴァティカン、サン＝ピエトロ大聖堂
Photographer：Giorgio Nimatallah

本堂大柱の二階部にもねじり柱が見られる。
天蓋上にはヴォリュートと十字球も見られる。

MVNDO R
ET OVES

にあり、ヘロデ王がエルサレムに入城した時の神殿の様子に見られる。なお同書では、この後ローマ軍がエルサレムに侵入した時の絵でも同じ柱が見られるが、そこではヘロデによる改築の後で柱の配置が変わっている。しかし、一般にはただの円筒で、信者がそこにしがみついて祈ったりするためのものだったと考えられている。

この話をもとに想像をふくらませたネルヴァルは「ソロモン王と暁の女王の物語」で、これを祭壇の飾り柱

ソロモン神殿の想像図
フラヴィウス・ジョゼフ『古代ユダヤ』のジャン・フーケによる挿絵 15世紀 パリ国立図書館

ヘロデ王がエルサレムを攻略、軍勢を率いて入城する。ヘロデはこのあと、このエルサレム神殿（ソロモン神殿が破壊されたあとに再建された第二神殿）を大改修し、ヘロデ神殿とした。後にローマによって壊されたのはこのヘロデ神殿で、この絵に見られるものはヘロデによる改修前のものである。この神殿の6本の柱はベルニーニの柱とそっくりである。しかし、フーケがこれを描いたのはベルニーニの制作前である。ベルニーニはこのフーケの挿絵か、そのもとになった絵を参照して彼の柱をつくったのか、それとも、ローマの旧バシリカにこのような柱が存在していて、すでに、ソロモン神殿からもたらされたという伝説があったために、フーケはそれを参照してソロモン神殿の絵を描いたのかどちらかであろう。

ではなく、神殿の屋根を支える四方の柱のように描いている。神殿の四隅に立っていて、それぞれの後ろに殺害者が隠れていて、東西南北のそれぞれの出口から出ようとするアドニラム（ヒラム）に鑿だの鎚だのをふるったとしている。神殿の柱といえば、ギリシアの神殿であれば、アクロポリスの神殿のように四周を一メートル間隔くらいで列柱が並んで壁のかわりをしている。四隅に太い柱があるというのではなく、壁のかわりに列柱になっていて、普通の神殿でも十二本×二十四本くらいずつの数になっている。ゴシックの大聖堂でも高い身廊の天井を支えるのは無数の石の柱で、それが天井のリブボールトまでつづいて、木々が立ち並ぶ大森林を思わせる。四隅の柱で平たい天井を支える普通の住居的な構造になるのはロマネスクやあるいはルネサンスの教会だが、そこでも正面入口は古典的な列柱がたいした意味もなく配される。サン＝ピエトロでも正面の列柱があとから付け足された。さらにここでは円形の広場をめぐってぐるっと丸い回廊が柱をつらねている。しかし、本堂へ入ると、もはや開放式の古典ギリシア神殿ではなく、閉鎖的などっしりした壁に囲まれた空間で、中央の丸いドームを四隅の巨大な柱が支えている。この四隅のドームの柱がまさにそれ自体、四角い塔屋のような構造物で四本の柱を組み合わせ、柱と柱のあいだに浮彫りのパネルや壁龕《へきがん》のようなものを嵌め込んだもので、この大柱の中段あたりに二本ずつねじり柱が使われている。そして、それと同じ形のねじり柱が四本、ドームの真下の祭壇の天蓋を支えている。

これがベルニーニの手になる「ソロモン柱」で、大柱に使われたねじり柱のほうはコンスタンティヌス帝のときに同じ場所に建てられていて、改築のために取り壊されたローマの旧バジリカから来ているという。こちらの話のほうはどうやら本当のようで、ローマ市内のラトランの司教区聖堂の回廊にこのとき解体した材料が使われていて、ねじり柱もサン＝ピエトロと同じ形式のものが使われているし、そこの聖堂の宝物庫にそのうちの一本が保存されている。市外のサン＝パオロ・フォーリ・レ・ムーラでも回廊に同じものが使われている。こちらの回廊はそれぞれ違った意匠の柱を並べているが、そのうち、ねじり柱になっているものが何本かあり、ソロモン様式のものが旧のバジリカから来ているというのである。

　ベルニーニはその旧バジリカのねじり柱を参考にして、あるいは模倣して、サン＝ピエトロの祭壇の天蓋《バルダッキーノ》の柱をつくった。これをいつから「ソロモン柱」とか「ソロモン様式」と呼ぶようになったかはわからないが、コリント式、イオニア式、ドーリア式というギリシア古典様式の円柱に対していかにも別な文化であるという感じがする。またゴシックの聖堂のほっそりとしたリブの柱とももちろん違っている。本物のソロモン神殿ではおそらくそのようなものは使われていなかったろう。しかし、またギリシア古典風のコリント式円柱などでもなかったろう。

　一般にギリシアの神殿の美は列柱の微妙なふくらみ、エンタシスにあるとされ、東大寺の柱にもその影響が見られるという。そして円柱の太さ、高さ、間隔などの比例にヨーロッパの古典的な美があるとされていたが、それにならってつくられたローマの古典様式の教会のファサードはどちらかというと単調である。その単調な円柱の列のかわりに、ベルニーニはダイナミックなひねりを柱に加え、「ソロモン柱」にした。ギリシア・

ラトラン司教区聖堂の回廊

ローマの古典様式ではなく、イスラエルの古典様式と称するものをもってきたところに、彼の意気込みがあるだろう。まっすぐな円柱がギリシアの古典美なら、キリスト教古代の美は螺旋だと言いたいのである。

なお、サン＝ピエトロ聖堂は皇帝コンスタンティヌスの建てた初期キリスト教のバシリカを取り壊して、そのあとに建てられたが、そのバシリカが建てられる前にあったキリスト教の殉教者たちの墓地[3]はそのまま地下の墓地として保存された。今でも、バルダッキーノの下から地下へ下りる階段があり、この主祭壇の下にまさに聖ペテロの墓があって、聖ペテロの本物の遺骸もそこに保存されているという。つまり、サン＝ピエトロはルネサンス、あるいはバロックの新しい建築であると同時に、ローマ時代の初期キリスト教のバシリカを継承したものであり、その地にあったペテロら殉教者たちの墓を記念するものでもあった。そして精神としてだけではなく、構造としても、地下の聖ペテロほかの墓廟があって、その上にかつてのバシリカがあり、その上に新しい聖堂がのって、そのなかに主祭壇バルダッキーノが古いバシリカの祭壇の柱を生かしながら建てられているのである。そしてその上には天空をあらわすドームがあり、そのドームの天頂に本物の天空とつながる穴があって、天と地と地下がつながっている。そこにはエルサレムにかつてあったヘブライの神をまつる神殿を復興するという思想もあったのである。

それはキリスト教というよりヘブライ文化である。エルサレム神殿があった場所は中近東の地中海岸、現在のイスラエルの地だが、ここは昔も今も沙漠である。生えている木は乾燥に強い小灌木で、オリーブや葡萄である。その点はギリシアとさして変わらないのだが、聖書では大森林の話はめったに出てこない。葡萄やオリーブは仕立て方にもよるがおおむね幹がひねくれて生える。杉のようにまっすぐに伸びる樹木ではない。エデンの園に生えていたと思われるリンゴの木もどちらかというと背が低く、幹がねじれるほうである。これも実際はどんな木が生えていたと伝えられていたのかわからないが、たとえばミケランジェロの描く「天地創造」のエデンの園の場面では、それ自体ひねくれた木に太い蛇が絡みついている。ふつうはただの蛇か、あるいは人面の蛇だが、ミケランジェロは下半身が蛇になった女で描いた。

2 システィナ礼拝堂にて

サン=ピエトロに隣接するシスティナ礼拝堂には、現在はヴァティカン美術館の入り口から入る。教皇選出をおこなうコンクラーベが開かれる場所としても知られる。ふだんは早朝から長蛇の列をつくって並ばないと入れず、入ってもその大勢の観光客がみなシスティナ礼拝堂のさして広くない空間に押し寄せるので、立錐の余地もなく、じっくりと鑑賞することはできない。それに祭壇上の「最後の審判」の壁画はすぐに目に飛び込んでくるが、天井の「創世記」の九つの場面は見上げているだけで首が痛くなるし、混み合っているとなかなかゆっくりは見られない。それでも日本のテレビ局が資金を提供しておこなった修復で色彩が鮮やかになり、すこしは見やすくなったが、もちろん、その修復には異論も多い。薄暗くてよく見えないほうがよかったのだとか、すすが取り払われたが、ミケランジェロ自身が暗い陰影を与えるために、すす状のものを塗ったのだなどという。それに何といっても、かなりの高さのところに細かく無数の絵が描かれているので、観客がそんなにいなくともよくは見えない。

「創世記」の最初はもちろん「光あれ」である。混沌世界をかき回して、光をつくりだしているというより、

ミケランジェロ
《原罪》
ヴァティカン、システィナ礼拝堂天井画

雲をわけて青空をのぞかせている場面とも見られるが、この世界最初の場面はまさに神が大空をぐるぐるとかき回しているところで、インド神話の乳海攪拌にも相当する「天空攪拌」であり、神の腰のあたりにひるがえっている衣のすそが渦を巻いている。次が太陽の創造で、どうにも奇妙な絵である。神の怒ったような顔と手振りはむしろ何かを罰しているようにさえ見える。指の先に赤い円盤が描かれ、これが太陽なのだろうが、その下に尻を丸出しにして飛んでいるものが議論のまとになっている。神が太陽をつくったあと、地上に舞い戻って創造の続きをするところだというのだが、なぜ尻を丸出しにしているのかというと、もとは丸出しではなく、衣がかかっていたのが、補修のせいで丸出しになったのだとか、ミケランジェロのホモ趣味のせいだともいう。いずれにしても衣をはだけながら天空を駆け巡る神の姿である。太陽の周りを旋回しているともいうが、全世界の主である神が一惑星のように太陽の周りを回るのは理解できない。ただ、ここに旋回的な運動が見られることは確かである。三番目の陸と海の創造はさきほどの光の創造の場面と同じような旋回する神の様子だけで、その結果のほうは描かれていないが、ここではおそらく大地へ向かって旋回しながら下降してくる神が上体が裸になっている。画面の順でその次は有名なアダムの創造だが、神の周りを取り囲む天使たちが十人ほどに増えて、その全体を風の神のような円形の布が囲っている。神の飛行手段とも見られるが、空とぶ円盤とも見られ、最初の光の創造以来、天駆ける神の様子が円形の構図で円運動を描いているのは確

かである。その次にイヴの創造で、ここではそれまで尻を出したり、上半身裸だったりした神が全身を衣でくるんであらわれる。このあと天空全体の渦巻きや、衣をひるがえして空を飛ぶ神の姿は見られなくなる。そしてまさにエデンの園と楽園追放の絵である。七番目はノアの犠牲式、八番目が大洪水、九番目が泥酔して裸になったノアである。

この一連の絵におけるミケランジェロの世界観には、まだ解明されていないところが多いが、もっとも有名な「楽園追放」の場面に注目すれば、蛇が絡まる木についてはどこにでもあるが、蛇が女体であるところは、ミケランジェロの女性観にも関係しそうである。これに近い造形はパリのノートル＝ダムの西正面に見られる。木に絡みつく女がイヴに果物をすすめている。こちらでは下半身は一本の蛇で、上半身は美しい女性として描かれている。これは聖母像の土台の部分で、眠っているアダムからイヴが生まれるところ、このあと、知恵の実を食べて楽園から追われるところが描かれている。ミケランジェロでも画面の右側は楽園追放の場面になっている。奇妙なのは、楽園にはこの木一本しかなく、あとは荒涼たる岩が描かれていることであり、追われてゆくところは砂漠のようで、こちらも木が一本も生えていない。ノートル＝ダムのほうではいくつもの場面が描かれているからだが、かなり木が繁った楽園である。

サン＝ピエトロの天蓋柱より、実はそこに隣接したシスティナ礼拝堂の天井に描かれたミケランジェロの天地創造図や、ノートル＝ダムのこの浮彫りのほうがヨーロッパの形と

ミケランジェロ
システィナ礼拝堂天井画
右より
光と闇の創造
日と月と草木の創造
左
原罪と楽園追放

しては大本かもしれない。つまり蛇の絡まる果樹がヨーロッパ世界の最初の庭にあり、それがその後、蛇の絡まる十字架、すなわち「青銅の蛇」の造形になり、十字架になり、ひねり柱になり、以後、ヨーロッパの生活文化のさまざまな面にあらわれる螺旋形になるのであり、また、その蛇が美しい女体で描かれ、以後、罪と愛の相克を物語るのである。

ひねり柱ではなくとも螺旋の模様をつけた柱は昔からヨーロッパにあったようである。九世紀中頃というスペインのサンタ・クリスティーナ・デ・レーナ聖堂の祭壇前には細かな螺旋模様の柱が二本ずつ立っている。あるいは十一世紀フランスのサン＝サヴァン＝シュール・ガルタンプの内陣のコリント式列柱のうち数本に螺旋の刻みが入っている。九世紀のスペインのサン・ミゲル・デ・リーリョ教会の外壁には薔薇窓を囲むように二重螺旋の窓枠がある。

ちなみに、ベルニーニのひねり柱はバロック様式の教会ではなくとも、いたるところで模倣されており、ふつうの家具屋でインテリアの飾りに使われていたり、ちょっと凝った骨董屋に並ぶ古い時代の家具には、ひねり柱や、二本の棒をからませた造形がよく見られる。

3　ふたたびヴァティカンへ

ノートル＝ダム西玄関脇のエデンの園の情景（渡邊浩司氏撮影）

パリ、北駅方面の家具屋

ヴァティカンの螺旋階段はヨーロッパのほかの地域、特にフランスから北の地域の聖堂の螺旋階段とは様子が異なっている。ヴァティカンでは径の大きな円塔の外周にそって階段が回っており、北の方の城館の塔屋などでは、多くは中心の柱に階段がつけられていて、人は真ん中の柱につかまりながら昇ってゆく。もっともこの螺旋階段は内陣の主ドームそのものを昇ってゆくのではなく、ファサードのわきの塔屋を昇るのである。そして屋根の上へ出てドームの周りへ出る。ドームの天辺には穴があいていて天とつながっていると井本英一は指摘する。といってもパンテオンのように開放的に穴があいているのではなく、穴の上に列柱があってその上に小さなクーポールを載せている。このドームの下に黒い石があると井本はいう[4]。ドームの真下にあるのが問題の天蓋で、黒檀製のように見えるが、実際は青銅である。祭壇は奥にもあるが、主たる祭式はこの天蓋の下でおこなう。サン＝ピエトロは全体が螺旋で構成されている。前庭からして円形広場になっていて、それを囲むように円形の回廊が正面入り口に人をみちびく。

　このドームはパリでもパンテオン、ソルボンヌ、モンマルトルその他に見られ、バロックの代表的建築であるヴァル・ド・グラースの礼拝堂もドーム式だから、フランスの聖堂がすべてゴシックの尖塔アーチ構造になっているわけではない。それでもパリのノートル＝ダムのほか、シャルトル、アミアン、ストラスブールなどのゴシック

ヴァティカンの螺旋階段

聖堂、ケルンやヨークのそれが一方の極におけるヨーロッパの形であるなら、ヴェネツィアのサン＝マルコ、ローマのサン＝ピエトロ、そしてそれらとは少し違うが、フィレンツェのサンタマリア・デル・フィオーレなどがオリエントの影響を受けたイタリアの形であり、ギリシアのそれはアテネのパルテノンであるということはできるかもしれない。それぞれに違う風土の支配と影響を受けて、一体であるはずのヨーロッパに聖堂建築ひとつでも地域的偏差が生じているのである。(5)

あるいは人が集まって町をつくり、市場をつくり、さらには議会を構成したとするなら、アゴラがそれであり、古代劇場であり、コロッシウムであろう。ギリシア、ローマの古代劇場、競技場、あるいは集会場はいずれもアンフィシアター、すなわち円形の階段教室の形をとっており、円形の舞台、演説場、競技場をすり鉢形の座席が同心円状に取り巻いているのである。これは現在の欧州議会やフランスやドイツの国会でも同じである。たとえばストラスブールの欧州議会の議場は外から見ても完全な円形である。また中の議場も四角い広間に扇形に議席をはめこんだ日本の国会議事堂とは違って、完全な円形配列で三百六十度に議席が並んでいる。席の上下を決めない円卓の思想である。円卓はテーブルの周りに配置された椅子は一列だが、欧州議会でもフランスの国民議会でも同心円で幾重にも座席が取り巻く。さらに、これはコメディー・フランセーズやオペラ座でも同じだが、外側は五、六階の見物席になっている。階段教室であれば、すり鉢状に座席が配置されるので、平土間が中央にあっても、その外側は縦の方向に階段を昇ってゆく。

欧州議会の議場

そのあたりは歌舞伎座などの座席の配列と比較すれば、ヨーロッパの会議場や、音楽堂、劇場などが、古代からの形で円形につくられ、外延にゆくにつれてせりあがってくる構造であるということができる。

人が集まってつくる集会、議論、制度、都会などの形が円であり、せりあがってゆく螺旋であるとすると、その集会が混乱し、都会が犯罪の巣になったりしたときはどうなるのだろう。ギリシア的な理知で人々が律せられていたときはいいが、ヨーロッパはどちらかというと個人の自由が先に主張されて、人々が勝手に口々に要求を叫ぶところではないだろうか？　街頭デモなどを見ると、怒号が渦を巻くという感じの場合もある。ギリシア的理想がヨーロッパ的現実に変化したときには、群集のエネルギーをあらわした渦巻きになる。その形をあらわしたのが、十八世紀にスターンの『トリストラム・シャンディ』においてカポラル・トリムが描いて見せた螺旋であろう。これは都会文明、あるいはヨーロッパ的近代文明の批判である。大勢の人が渦を巻く。そこへ吸い込まれたら、自分の行きたいところへも行けなくなる。その人々が何を考えているのかさっぱりわからないし、世の中がどう動いているのかもわからない。トリムの「螺旋」はまさにそのような「近代」というものの混迷状態をあらわしたものだ。ロンドンでめまぐるしく行き交う人々の渦に巻き込まれて「御殿場の兎」同様に呆然としていた漱石の困惑が思い出される。

これとサン＝ピエトロの螺旋階段はどうかというと、原理としては同じではないが、ロンドンの市庁舎の螺旋階段式議場は、同心円型会議場の思想と螺旋階段の思想が通底していることを示している。このローマのサン＝ピエトロについては建築に要した期間が長かったこともあり、ミケランジェロほか多くの芸術家が参加したが、そのなかで、ベルリーニの手になる主祭壇の四隅のねじり柱は全体の雰囲気に必ずしも合ってはいないものの、たとえば、ドームへ上がる螺旋階段の形とは対応している。このソロモン式の柱は、ルネサンス、そしてその後のバロックの建築のひとつの特徴で、いたるところがうねうねとねじれ、回転し、さまざまな装飾を派生増殖させてゆく原動力ともなっている。ロンドンのセント＝ポール大聖堂はバロックではないが、形はサン＝ピエトロを模倣したもので、このねじり柱もある。

このねじり柱に似た形ではルイ十三世様式などの家具の螺旋脚がある。机、椅子などの脚が直線ではなく、猫脚であったり、でなければ螺旋形のねじり棒であることは、見慣れたものには違和感はないし、ろくろ細工でも螺旋形にすることはさして難しいことではないが、なぜ直線ではなく、ねじれた螺旋なのだろうと思わないでもない。机の脚などであればまっすぐの柱でいいので、それがねじれている必然性はない。機能による形ではなく、付加的なもの、装飾であり、それがどこにでも出てくるとすれば、文化的な形なのである。なお、海野弘は『装飾空間論』で、最近はヨーロッパでも「装飾」が見られなくなったといい、「装飾は機械によっていやおうなしに駆逐される」という。しかし必要がないのに付加されるものこそ「文化」である。螺旋は自然の観察から出て、生物のリズムを表現する形となり、コイルバネなどの機能的装置と連動しながら、ヨーロッパ文化の「顔」になってきた。それはギリシア文化によりは、キリスト教文化により頻繁に見られるなら、ヨーロッパがヘブライ文化から受け取った遺産であるかもしれない。サン＝ピエトロのねじり柱を「ソロモン柱」といい、エルサレム神殿からもたらされたのだという伝説を形成させたのは、ヨーロ

十六世紀後半にブルゴーニュで作られた螺旋脚のテーブル

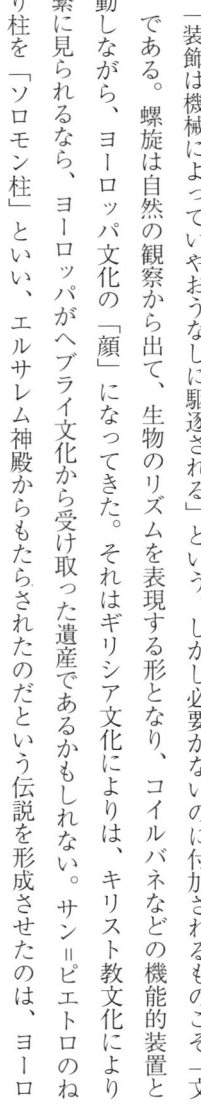

ッパ文化がヘブライ文化に負うところが多いことを告白しているのかもしれない。あるいは、それはヨーロッパによるヘブライ文化の「誤解」であったかもしれない。本来はまっすぐなものである文化を異なった風土に移植したときに生じた「ねじれ」とも考えられる。

しかしユダヤ教の教会の燭台がおおむねひねった青銅の腕に支えられていることを見ると、ユダが首をくくった葡萄の木や、地中海文化を象徴するオリーブの木がひねくれていることと併せて、この形がこの文化の基本形なのではないかとも思えるのである。ヘブライ文化がひねくれているかどうか、これは何ともいえないことではあるが、ヨーロッパの幾何学的科学的合理性が、アジアやオリエントの基本的観念と異なっているということは言えるだろう。オリエントのなかでヘブライの民が後にアインシュタインその他のすぐれた科学者を輩出する素地をもっていたのか、それとも、それは後のヨーロッパ文化との融合の結果なのか、これも何とも言えないだろう。ヨーロッパの科学というものも大半はアラビアの科学に淵源を求められるのである。十九世紀、二十世紀の結果的な現象としてはヨーロッパにおける科学技術の卓越と、アジア、オリエントの後進性が指摘されざるを得なかったとしても、二十一世紀にはどうなるかわからず、また十世紀前後においては、その関係は逆だった。それでも文化の装飾性を考えると、まず、日本家屋の白木のまっすぐな柱における装飾性の拒否があり、それに対するヴェルサイユ宮殿などのロココの装飾過剰がある。しかし、アルハンブラ宮殿でも、壁から天井まで細かな模様で埋め尽くされた装飾そのものの世界と比較すると、ヴェルサイユもまだ簡素であると言える。アラビアのアラベスク、すなわち唐草模様と、アクロポリスの柱の雄勁な直線美とを比較す

ユダヤ教の燭台メノーラ

れば、ルネサンス人が豊饒な装飾世界の見本として「オリエンタリズム」を考えたのは、後の「シノワズリー」と同じような異文化へのノスタルジーだったかもしれない。ヨーロッパは一方では完全な円と直線による幾何学的な世界を設計したのである。

ただし、他方にベルニーニ的な曲線や螺旋があったことは、時代的なエキゾチスムというよりは、ギリシア的精神とヘブライ的、あるいはオリエント的精神がヨーロッパでは絡み合っているということかもしれない。フランスにはデカルト的な幾何学的精神とラブレー的ゴーロア精神があると常々いわれるが、それはフランスだけではなく、ヨーロッパ全体にいえることに違いない。ゴーロア精神とは快楽であり、豊饒であり、ダイナミスムである。一方に禁欲的な秩序があり、他方に享楽的な混沌がある。一方が直線であれば、他方は螺旋である。しかしその二つが木にまとわりつく蛇のように絡み合ってヨーロッパという複合文化を形成しているのである。

そしてその「二重螺旋」では、右と左、硬と軟も、それぞれが絶えず入れ替わっていた。キリスト教はオリエントからやってきたヘブライの思想かというと、ヨーロッパに定着したあとは、むしろ、ヨーロッパ土着の土俗信仰に対立して、秩序をあらわすようになった。ドルイド教や大地母神信仰があって、キリスト教があった。しかし、ルネサンスのころには、キリスト教の中でも、厳格なルター主義が生まれ、ローマ教会は腐敗し、享楽的だと非難された。社会思想でも、自由市場の思想と社会主義思想とが絶えず交替し絡み合って議会制民主主義を構成してきた。議論好きなヨーロッパ人はことあるごとに異論をたてて口角泡をとばして議論をするのである。しかし、ひとしきり議論すると抱き合って仲直りし、一緒に酒を飲みにいったりする。そして、今日はいい議論をした。これで世の中がよくなると言って、彼らの文明を賛美するのである。

第二章　ヨーロッパとは何か

ところで最初に問題にしなければならないのが、「ヨーロッパ」とは何をさすのかということで、すこし前までは「西欧」といえば、すなわち「西ヨーロッパ」で、英独仏、それに北欧とイタリア、スペイン、さらにスイス、オーストリアを加えればよかったが、いまや「ＥＵ」すなわちヨーロッパ共同体はスラブ圏を含み、ウクライナやトルコまで加盟申請をするようになった。「西ヨーロッパ」という概念もみなおされて、ドイツ、オーストリアはチェコなどを含んで「中央ヨーロッパ」とされるようになったし、「南ヨーロッパ」はギリシアだけではなく、ルーマニアなども含めるようになった。西ヨーロッパ、北ヨーロッパ、南ヨーロッパ、中央ヨーロッパ、そして東ヨーロッパの東西南北と中央の五つのヨーロッパがあることになった。ところが、そのうち、東の「東ヨーロッパ」がどこまでか今のところはっきりしていない。

ヴァレリーは「ヨーロッパ」をギリシア哲学、ローマ法、キリスト教の三つで規定されるものとしたが、いまや、「キリスト教西欧」という概念は主張できなくなった。ヨーロッパでは宗教は自由であり、イスラム教徒も多数だし、その他の宗教も、あるいは無宗教も存在する。トルコをキリスト教国ではないからという理由ではＥＵへの加盟を断れなくなっている。

この「ヨーロッパとは何か」という問題は政治的問題を含み、時々刻々に変化するものだが、それでも、この問題には暫定的にでも決着をつけておかねばならない。

ヨーロッパという名前はギリシア神話のエウロペからきている。エウロペはフェニキアの王女で、ゼウスにさらわれてクレタ島へ連れて行かれたのだが、彼女からヨーロッパの諸族が生まれたわけではない。ヘラクレスとまじわった蛇女エキドナからスキタイなどの諸族が生まれたというのとは違うのである。むしろ、エウロペを捜しに行った兄のカドモスがテーバイの町をつくり、そこからテーバイ王朝が生まれた。この一連の神話でフェニキアの王の娘や、息子たちが地中海を渡って西の方へ向かって各地に都を築いたこと、後の地中海文化がフェニキア人の植民でつくられていったことがあらわされているという可能性はないわけではない。ただ、エウロペが牛にのって海を渡ったという神話は、たとえばヨーロッパの各地の王朝の紋章などには残らない。メソポタミアでは巨大な牛が王宮の門を守ったり、牛の頭が王権をあらわしたりしているが、ヨーロッパでは、獅子、鷲、竜、それに熊は紋章に描かれ、馬はあるのに対し、牛を紋章にいただく家系はそう多くはない[6]。ゲルマン人が農耕よりは狩猟を主とする民族だったからともいえる。ローマは雌狼に育てられた始祖に始まるとされるが、狼の紋章も少ない[7]。蛇の紋章は後に述べるようにかなり見られる。

トロイ戦争ではギリシアがトロイと戦ったが、これはヨーロッパとアジアの戦いだったといわれる。そのときのギリシア、すなわちヨーロッパ方の総大将がエウロペの孫にあたるアガメムノンだった。「小アジア」というのがアジアの先端で、これと対峙するギリシア本土および島嶼部からヨーロッパが始まっていると考えられたようである。その後、ローマ帝国が全ヨーロッパを征服し、ついでに地中海沿岸全域をその帝国の版図に含めたが、その地中海沿岸の南と東をのぞいて、ローマが支配したイギリス、フランス、ドイツ、スペイン、イタリアそれにオランダ、ベルギー、オーストリア、およびギリシアの北方のスラブ諸国が「ヨーロッパ」とみなされる。

1　EUと地理上のヨーロッパ

今日の「EU ヨーロッパ共同体」は二〇一〇年現在、マルタ、キプロスの二島を含み、かつては「ヨーロッパ」に含まれなかったモルドバ、グルジア、ウクライナ、ベラルーシ、アルメニアあたりまでを、将来的には含みうる概念のようである。しかしカザフスタン、ウズベキスタン、アゼルヴァイジャンはヨーロッパに含まれる見通しはない。すなわち地理的な「ヨーロッパ大陸」はアイルランド、イングランドの島嶼部を含めて、東はカスピ海西岸まで、北はウラル山脈までをさすといってよく、その範囲に入るロシアも現在の政治的版図ではなく、文化的にモスクワを中心にした地域に限定するのである。

歴史的にはローマ帝国がヨーロッパを統一し、その後、フランク王国も神聖ローマ帝国もローマ帝国を継承していると称していた。今日のEUもローマ帝国の復活であるともいうのである。

以上をまとめると次のようになろう。

従来のヨーロッパの観念＝英独仏西伊、北欧、東欧、ギリシア

拡大された観念＝ロシア連邦のうち黒海北岸とウラル山脈までを含む

将来的な可能性＝トルコとカスピ海西岸までを含む

　このような地理的規定をする際には、「ヨーロッパ」を「地中海世界」とする見方はもはや成り立たない。アイスランドからウラルまで、あるいはカスピ海西岸までを含む広大な領域が「ヨーロッパ」であるとすれば、その地域を区切るもののひとつとしての、西欧で従来、「われらの海」という言い方をしていた地中海は、北海、バルト海、大西洋、そして黒海、カスピ海という五つをくわえた六つの「海」のひとつでしかない。地中海は東は中近東に、南はエジプトからマグレブ諸国に接している。これを「イスラム世界」というとまた問題なのは、地中海の北がキリスト教世界というわけではないからだ。かつてアラビア人はマグレブを経由してジブラルタルからスペインへ入り、フランスのパリ近郊まで進出した。また、トルコはボスポラスを渡り、バルカン半島をほぼ制圧してウィーンにまで迫った。さらにそれ以前にはフン族の攻撃もあった。それらも含めて、さまざまな民族が覇権を争った地として「ヨーロッパ」があるのである。

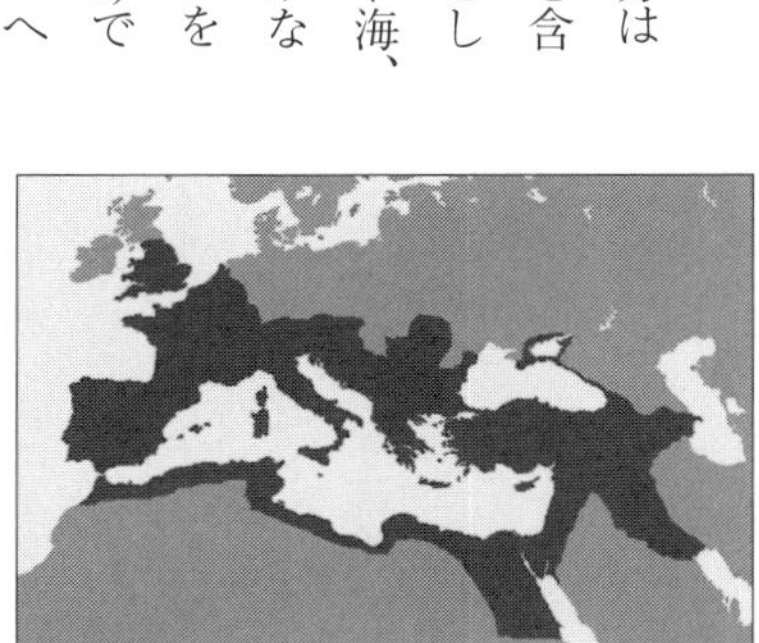

ローマ帝国の最大版図（黒い部分）

　なお、「インド・ヨーロッパ語族」というものが存在するとされ、アーリア人のインドから、イラン、すなわち古代ペルシャ、コーカサスの麓のオセット族や、古代トルコにあらわれたハッティ族などを含めて、ギリシア、ローマまで、早い時期にインド・ヨーロッパ語族の人々の文化が広まったという考えがある。いわゆる「ゲルマンの大移動」はそれよりはるかに後のことである。また黒海沿岸にいたケルト人がスイスに移動してハルシュタット文化をつくり、その後、ドイツ、フランス、スペインへ広まったのも、インド・ヨーロッパ語族の移動のひとつと考えられる。神話や言語、文字などの文化はメソポタミアやシリア、フェニキアからヨーロッパに広まった。これとキリスト教に代表されるヘブライ文化をも現在のヨーロッパの根幹であるとするなら、広義のヨーロッパはインドからオリエントをへて、地中海の北岸へ至っているのである。

ヨーロッパとは何かということは、はなはだ政治的な問題を含んでおり、今後、EUがどのような選択をするかによってもかわってくることだが、ここではかつての「西欧」という観念が包括したものと、今日EUに含められている地域をもって「ヨーロッパ」とし、将来的に拡大EUに含められうるウラル以西、カスピ海西岸までの地域を視野に入れて考える。EUに参加していないが従来「西欧」の観念のなかに入れられていたスイス、ノルウエー、アイスランドは含め、英仏などの海外領域は原則として含めない。フランスの場合、インド洋のレユニオン、カリブ海のマルチニックなどは、海外県で、本国の県と同じ地位をもっているからEUに含められているが、EU加盟国がヨーロッパ外にもっている領土の文化はここではヨーロッパから除外する。(8) ロシアも国土としてはシベリアを含んでいるが、これも一種の植民地的なもので、政治的にロシアに併合されているものと考える。(9)

「ヨーロッパ」をどこかで切ろうとして、恣意的に線を引くわけにはいかない。宗教を使うわけにもいかない。ウクライナ、ベラルーシはギリシア正教系で、それより東はイスラム圏だというのは正しくない。それより東のグルジア、アルメニアにはキリスト教徒が多いからだ。民族的にコーカサスのふもとの民族はヨーロッパ人だという見方もあり、デュメジルの神話学ではオセットのナルト神話はアイルランドまでのヨーロッパ神話の源流であるとされる。しかしインド・ヨーロッパ神話となればインド、イランや、ヒッタイトまで同類だということになり、神話、あるいは民族でヨーロッパを切り取ることもむずかしくなる。(10)

以上、地理的な「ヨーロッパ」のなかに歴史的、文化的な「ヨーロッパ」があり、さらに現在の政治的なEUがあるという認識で論を進める。北欧、南欧、中欧を含めたいわゆる「西欧」と、それとは多少、文化的色彩を異にし、現在の政治区分でも若干、別の勢力圏とされる部分をふくんだ東欧がヨーロッパで、ただし「東欧」の東のほうは、ロシア、ベラルーシ、ウクライナ、そしてグルジア、アルメニアと、その扱いには留保をつけながら考えてゆくことになる。

次は先史時代も含めた歴史的な問題で、ヨーロッパといっても、ラスコーやアルタミラの洞窟に描かれた野牛の絵ははたしてヨーロッパの文化なのかというと、それをつくりだしたクロマニヨン人と今のヨーロッパ人はほとんどつながっていないともいう。

最初のヨーロッパ人はケルト人だろうと思う人が多いが、ケルト人がどこまで遡れるかわからない。ギリシアの最初の文化はケルト人の登場よりはるかに前であったろう。それに、ケルトというと青銅器時代から鉄器時代の初期までヨーロッパを移動していった人々で、ローマによって大陸からは駆逐されたのだが、そのケルト人が渡って行ったイギリスやアイルランドでは古いものをすべてケルトとして、先史時代の巨石文化もケルト、十世紀、十一世紀の文化も「ケルト」としてしまう。

ごく大雑把に言って「ヨーロッパ」を形成した人々はギリシア、ローマ、ケルト、ゲルマン、スラブの五つの文化を作り上げた人々とされるが、ギリシアではクレタ文明を作り上げた人々と、それに取って代わってアテネを中心にして栄えた文化の担い手は違い、その後、その古典ギリシアも滅び、東ローマになり、ついで、トルコ領になった。今日のギリシアにはトルコの支配の前後にスラブ人たちの流入があって、昔のギリシア人とは違うといわれる。

しかしそれでも、中国にさまざまな王朝が交代し、民族が入れ替わり、支配的な政治理念も、孔子の思想から毛沢東のそれと、それを覆したものまで登場したとしても、ひとつの「中国文化」が連綿と続いてきているのと同じように、ヨーロッパにもさまざまな民族が交代し、あるいは混ざり合って、キリスト教の理念もマルクスの思想もけっして絶対の統一理念ではなかったとするなら、ひとつの風土に根づいた文化としての連続性はみいだすことはできるだろう。

そしてたとえば、教会の形ひとつでもローマのサン＝ピエトロ聖堂のようなドーム式の聖堂と、シャルトルのゴシック聖堂、そしてバイエルンなどのたまねぎ形の屋根の教会と多様で、どこに標準をみればいいのかと戸惑われるし、城館の庭のつくりでもイタリア式の彫刻庭園やボマルツォの怪物庭園とフランス式の幾何学模様の庭園、そしてイギリス流の自然庭園とあり、そこに「艶なる宴」のようなヨーロッパ的享楽がくりひろげられた。ふだんの生活文化の形としてもイギリス風のスライスした四角い食パンを食べるところ、フランスのように細長いバゲットを抱えてちぎって食べるところ、そしてドイツのブレーツェルのようにひねった形のパンを食べるところとあり、パスタやピザの文化もあれば、それをほとんど見かけない地域もある。その多様性のなかで、普遍的なもの、共通の要素をどうやって探すかだが、文化論というものは当然、個別の多様性をふまえながら、地域的風土的連続性普遍性を探すもので、人さまざまな多様な顔つきのなかに人間としての共通の基本的な文化や心をみいだすところにその意味があるのである。(三)

ヨーロッパがどこまでか、いつからヨーロッパがあったのか、といったことは論じだしたらきりがないが、アジアやアフリカとの違いをとりあげてゆき、南北アメリカやオセアニアとも対比させていったときには、なんらかのイメージがうかびあがる。北アメリカはオーストラリアと同じく、ヨーロッパ人が移住していって作った国であり、文化であるとしても、だからそれを「ヨーロッパ」だとはいえない。それぞれの地に先住民もいたし、また文化を規定する風土もある。

次は超高層ビルと古い石づくりの住宅の違いがあるだろう。世界の超高層ビルといえば、すこし前まではマンハッタンだけだったが、今は香港、上海、台北、クアラルンプール、あるいはドバイになった。ただしロンドンのスイス・リ・ビルやバルセロナのトーレ・アグバールなどのような「砲弾形」ビルは、はやりの建築家であるジャン・ヌーヴェルやノーマン・フォスターらの好みというだけではなく、ヨーロッパの形から出ているところがあるのだとも考えられる。これらの円筒ビルでも形はただの砲弾形だが、外壁には螺旋模様がえがかれる。カラトラヴァが建てているシカゴ・スパイア、スウェーデンに建てているターニング・トルソには螺旋形のオプセッションが見られる。

ヨーロッパの形は科学技術に裏打ちされた産業文化の形だった。ヨーロッパ文明は科学技術文明なのである。その代表は船であり、車であり、航空機であろう。航空機はアメリカの専売のようにも思えるかもしれないが、ライト兄弟の試験機の前に気球で空を飛んだのはヨーロッパ人モンゴルフィエ兄弟だった（一七八三年）。ツエッペリンの飛行船は一九〇〇年、また人力飛行機はレオナルドの構想にあり、一九三六年に飛んだ最初のそれはイタリアだった。ライト兄弟のあとしばらくは、ドーヴァー海峡横断、ドイツの国際航空博覧会、フランスの国際飛行大会、地中海横断、初の定期航路など、英独仏を中心に航空機の技術が発達した。

そもそも自動車でも、機関車でも、蒸気船でも、機械式動力によって人をのせて移動する機械はワットやスティーブンスンにしてもルノワールのガスエンジンでもヨーロッパの発明だった。そしてそれは回転式の動力機械だったのである。あるいはコイルを巻いた電気モーターだった。

そして特にプロペラやスクリューを回すことによって船体や機体を前へ進ませることはヨーロッパで発達した科学技術のひとつの典型的な形を成している。「回せば進む」ということは必ずしも自明の理ではなく、竹とんぼや、ブーメランを持っていた文化でもそれらを推進装置に応用することは考えなかった。なぜそれがヨーロッパでだけ出来たのかということだが、回せば進むということは、たとえばプレスでも、あるいは壜のキャップでも、ヨーロッパの古くからの技術の発明によって知られていたのである。螺旋階段もそのひとつだった。螺旋、そして回せば進むということがヨーロッパの科学技術を前進させてきた。

2　ヨーロッパ文化

ヨーロッパにいかなる文化があったのかといえば、まさに科学技術であり、ルネサンスの三大発明などすべて中国から伝わったとされるものの、それを産業に応用したのはヨーロッパだった。

そしてその工業化のもととなった理論科学では数学、物理学、化学などで、それも起源は数字や占星術、錬金術などのようにアラビアであっても、それを近代科学として発展させたのがヨーロッパであることはまちがいない。アルキメデス、ニュートン、アインシュタイン[12]などがでなければ現在の世界の科学はなりたたないだろう。この西欧科学の最後のところに分子生物学をもってくれば、その形の基本はDNAの二重螺旋である。

さらに絵画、音楽、文学などの領域では、それぞれに好みや価値観の違いはあろうが、ベートーベンやモーツアルトの音楽、ミケランジェロやレオナルドの造形、シェイクスピアやバルザックの文学という世界の最高峰の作品をうみだしたのがヨーロッパであることもまちがいない[13]。それら美術、音楽、文藝の最高峰をきずいたものは、天才だといえばそれまでだが、音楽の場合は少なくとも、どこにでもある単純な笛、太鼓、あるいは竪琴にしろ、琴にしろ、何本かの弦をはった素朴な楽器ではなく、ヨーロッパでは、機械文明の産物といっていいような複雑な装置をもった楽器が発達した。それがヨーロッパ近代音楽をつくりあげたのである。古代はもちろん、笛と竪琴とシンバルだった。それが近代音楽の成立とともに楽器も機械化してくるのである。ヨーロッパ近代音楽は、機械文明の産物である。

［音楽］

特にチェンバロからオルガン、ピアノにまでいたる楽器の鍵盤は、今日のコンピュータにまで続くものだし、まさに「キーボード」と称する電子楽器も存在しており、それぞれに音程を定められた鍵盤のキーに触れることによって、長さ、太さの違うパイプへ空気が送られたり、同じく、音程の違う鉄線をハンマーが叩いたりすることになり、素朴な楽器なら直接人間の手や口でおこなう動作を「機械装置」がおこなうものにしたのが近代ヨーロッパだった。ここでいう「近代」とはルネサンスとそれにつづくバロック時代である。しかしパイプオルガンは古代ギリシアからあったといわれる。パイプを並べた牧神の笛、シュリンクスは自然の風の音の模倣だとしても、それがカテドラルのパイプオルガンにまでなる過程には、動力の問題、空気の力の扱いかた、金属パイプの鋳造のしかたなど、まさにギリシア以来のヨーロッパの機械文明があるのである。それは単に葦の茎を口にあてて息を吹き込むだけではなく、機械が介在し、文明をつくった「手」が操作するものとなったのである。同じ手を使う楽器でも、鼓のように、手で叩くことによってひそやかな音をみちびきだす和楽器などとはそれは根本的に異なるものだった。その究極は自動演奏装置にもなったが、自動ではなく、演奏家が演奏をしていても、弦や管に手がじかに触れて、そこから音を引き出すのではなく、手はその前段階の機械装置にしか触れていないのである。鍵盤自体はすこしも音を発生させない。それはあたかも、パソコンのキーを叩くことによってなんらかのプログラムを作動させることにも似て、遠いパイプに空気を送り出す装置を作動させるパイプオルガンの鍵盤は高度なメカニズムの操作盤である。三段式、四段式の複雑な鍵盤を持ち、高いところに置かれた巨大なパイプ群を備えた大型のオルガンの演奏席に座ると、まるでジェット機の操縦席か複雑な機械装置の操作盤を前にしたような気分になる。シンセサイザーの鍵盤はまさに複雑な電子装置の操作盤である。

ヨーロッパの特にゴシックの教会を訪れて感銘をうけるのは入口の上にならぶオルガンのパイプである。もちろん演奏されているときは、その荘厳な音が天からふってくるようにも思えるが、神錆びた薄明の内陣に鈍い光をはなつパイプの列を見ると、また一種独特の感銘をおぼえるのである。長さの違う管をくみあわせた楽器は日本にもないことはないが、ヨーロッパの教会のパイプオルガンの金属の管がしだいに低くなりながらならんでいる様子には見るものを圧倒するものがある。金属パイプは現代なら石油のパイプラインなども思い出すが、かつては鉄砲、大砲の銃身だったろう。この円筒形の造形は技術水準がひくいとなかなか実現できないものである。ネジの、それも特にメネジを刻む技術もそうだが、パイプ、それもパイプオルガンのような薄くて大口径のパイプを引き出すのはむずかしく高度な技術を必要とした。種子島銃を模造したときは丸い鉄棒の周りに帯状の鉄を螺旋形に巻きつけて叩いて管にした。そのようなパイプの製造法はヨーロッパでもあり、最初のうちはパイプとは螺旋だったのである。その円筒が並んだ形はギリシア神殿の列柱を思わせる。それが長さの順に並ぶのである。

あるいはグランドピアノでも、あれだけ長い尾を伸ばした形、それもパイプオルガンのパイプと同じように、音程に応じて弦の長さを変えて、それに合わせたSの字形になった、あのグランドピアノの胴の形はやはり、独特なものだろう。この形はハープでも見られるものだが、たとえば人魚が岩の上に身を横たえた姿とも見られる。いずれにしてもグランドピアノもハープも、女体の曲線に合わせたような人間的フォルムを持っている。それでいて、ピアノの場合は、高度の機械技術を内包しているのである。

機械ということでは、一般にフレンチ・ホルンと呼ばれるピストンつきのホルンもかなり複雑な機械装置を内蔵している。しかし全体の形はやはりまろやかな曲線そのもので、むし

バイエルン、バッサウ大聖堂のパイプオルガン

パイプオルガンのパイプ

ろ渦巻きともいえる。もともとの角笛が動物の角の形で自然に湾曲していたのだが、それがこれだけ複雑な形になるには、機械文明の発達があったのである。そもそも金管をこの形に造形するのがきわめてむずかしい技術を要するといい、そうそう自然に発生した形ではないのである。ヨーロッパの金管楽器はホルンだけでなく、トランペットでもトロンボーンでも、ユーフォニアムでも、チューバでも同じように渦巻き状になった複雑な機械である。

打楽器はまだ素朴に皮や金属を叩くだけとも思われるが、いくつもの打楽器を並べて打ちまくるパーカッションでは、やはり高度科学技術の装置を作動させるような印象がある。ハイハットなどたくさんのきらきら光る円盤を高く、低く配置した装置を前にした演奏家は皿回しの曲芸師でなければ、ほとんど、科学技術を戯画化したドイツ映画『メトロポリス』の技術者だ。マリンバ、ヴィヴラフォンなどの一列に並んだ共鳴管はパイプオルガンと同じ種類の造形である。これが西洋音楽の音程の観念であり、音楽の視覚的表現なのだ。近代都市なら工場や家々の煙突とも似た形だ。もうひとつは西洋の楽器が鍵盤楽器でも打楽器でも、多くペダルがついていることだ。これはろくろでも西洋では足でまわす方式が採用され、糸巻き車やミシンでも足踏み式が多かったことと通じている。機械装置の回転や空気の送り込みや音程の調整などを足で行うのである。音楽が手わざだけではなく、動力装置によるものであること、そしてまた西洋文化が足を使うものであることの証明である。球技などでもサッカーのように足を使って広いグランドを走り回る。アジアや日本の蹴鞠などがどちらかと

ハープ

フレンチ・ホルン

いうと、じっと同じ場所に立ってゲームをするのとの違いである。

弦楽器は一般にそれほど高度の機械装置という感じはせず、むしろヴァイオリンでもチェロでもその中央がくびれた形が人体を思わせる。マン・レイによるアングルの《ヴァルパンソンの浴女》のパロディにも見て取れるように、ヴァイオリンの形は女体を想像させるのである。あるいはそもそも最初から女体を想像してヴァイオリンの形をつくったのかもしれない。この種の楽器ではマンドリンは琵琶などと同じような形で、ヴァイオリンやヴィオラの系統だけ、特有の形になっている。胸にかき抱いて、愛撫するように演奏する楽器を女体の形に造形したヨーロッパ人の女体偏執ともいうべき思い入れがある。もうひとつはヘッドの糸巻きの先の螺旋渦巻きで、機能的には不要なものながら、これがないとヴァイオリンにもチェロにもならない。司教杖などにも見られる形だし、あるいはイオニア式柱頭の渦巻きでもあるが、ヨーロッパの形といっていい。この形を「ヴォリュート」という。

ヴァイオリン・ヘッドのヴォリュート

そしてこれら全てをそろえたオーケストラは円形に、それも何層にも並べられ、まさに古代円形劇場の観客席を思わせる。近代の劇場でも舞台に近い客席をオーケストラと呼ぶ。

［美術］

科学技術との兼ね合いでは絵画でも、絵の具の様々な色や、テンペラなどを経た近代の油彩の成立まで鉱物や油脂化学の成果が取り入れられているし、人物や静物の写生に当たって、モデルをキャンバスに投影して描く光学装置が工夫されたり、後にそれが写真になって、新しい「美術」のジャンルをつくったりもした。もちろん解剖学などをふまえた人体構造についての知識が動員されたことはいうまでもない。ギリシアのアプロディテにくらべて、日本や中国の美人図がずんどうだというのも、美的感覚の違い以上に、解剖学的知識の有無もあったに違いないのである。それにルネサンスの画家や彫刻家は同時に建築家で、ミケランジェロもサン＝ピエトロほかの建築をてがけた。建築は造形芸術であるとともに科学技術でもあった。ヨーロッパの建築術は石や煉瓦をくみたててアーチやドームをつくるものであり、精密な計算と高度な科学技術を要求された。石工の道具も定規とコンパスだったが、コンパスがたとえば日本の大工には縁のないものだった。ヨーロッパの建築が日本などの建築と異なるのは、第一に曲線、つまりは円や球だったことであり、第二には空間の支配、つまり平面より、垂直に空にむかう高層建築が多かったことだ。

［文芸］

文芸ではあまり科学技術の影響はなかったかもしれないが、印刷術はまさに文学の生産と流通に大きな影響を与えた。バルザックあたりからプロの小説家が生まれたことには、パトロンとなる宮廷の消滅もあったが、それより言うまでもなく、大衆新聞の成立があった。印刷もグーテンベルクの聖書の段階で、すでに中国の印刷術とは根本的に違う複製製作技法が確立されていたが、時代をおって、ますます大部数の印刷が可能になってゆき、バルザックのころは百万部を刷る新聞まであらわれるようになった。カナダではフランス語を読む人口が五百万人になったときにフランス語文学が自立したという。一万部売れれば作家はだいたい印税で暮らしていけるのだが、本を買うのは五百人に一人と計算されていた。五百万人のフランス語人口ではじめて職業的作家が成立したのである。バルザックのころのフランスの人口は二千万だった。彼の本は数万部売れた。しかし一万部にしても、それだけの大部数を高速で印刷するには、中国式の印刷術ではとうてい追いつかなかった。大砲も印刷も羅針盤もすべて中国で発明されたといい、馬車でさえ中国のほうが早かったといっても、大砲にしてもむこうで百発打つ間にこちらでは一発しか打てなければ勝負にならず、大砲があるというだけでは国防も攻撃もできなかった。大量に、高速で、かつ正確に射撃できなければだめで、一時間に一発撃てる大砲が、それもどこへ飛んでゆくかわからないものがあっただけでは実戦では何の意味もなかったし、馬車のたぐいもベアリングやスプリングをつけて高速で走らなければ、歩いたほうがましだった。戦闘用の飛行機などになれば、巡航速度も機銃の性能も少しでも敵より進んでいなければないに等しかったのだ。印刷でも、印刷の原理はこちらが先に発明したなどといっても、百万部を一日で刷るような機械に対して、一日に一頁を手刷りで刷るようなものは「発明」とは言えなかった。印刷術はそれによって、『聖書』にしても、だれもが手にすることができるようにならなければ意味がなかったので、人文主義にしても、宗教改革にしても、新しい文化を興すには、書物であれば十万、百万という部数で印刷され、流布してはじめてその効果が出るのだった。エラスムスの『痴愚神礼賛』は数十万部を刷ったという。少数のかぎられた文人や、貴族だけが手にすることのできたものではなかった。印刷術といっても、何部、あるいは何万部刷るものかが問題だった。手工業と機械文明の違いである。印刷術の原理が考え出されただけでは、庶民の文化をそれが興すことはできなかった。思想も文学も、数万部を一日で印刷するようなヨーロッパの科学技術によってはじめて庶民のものとなったのである。その時書き手は、印刷機と流通システムの「端末」のオペレーターとなった。高速印刷機の頂点は輪転機だった。ことに新聞などを大量に刷るのに使われた。紙もロールの連続紙だったが、活版も円い胴にはめられて回転して刷っていった。世紀を揺るがす大事件が起こると、新聞社の輪転機がおびただしい号外を刷り出してゆく光景が十九世紀以降のヨーロッパの象徴であり、「時代が巡る、世界が回る」という印象を呼び起こしたのである。

書物は東洋でも西洋でも昔は巻物だった。それが冊子になったのは西洋が古く、それも書物の大衆化を進めたが、十九世紀も後半になると、ヨーロッパで新しい巻物が現れた。映画フィルムである。これは電子技術の発達した今日でもいまだに巻物の形をとっている。テレビには巻物の時代はなかったが、映画は巻物であり、空リールとフィルムを二つのドラムに入れた8の字形の映写器が映画のイメージになった。これは電磁テープでも、音響メディアとして、また電子メディアとしてしばらくは映画の形をひきついでいた。録音機は録音テープ、あるいはカセットテープを使ったものだし、コンピュータもある時期までは磁気テープを使っていた。これが二十世紀の時代を開く魔法のリボンだったのである。二十一世紀になると、もうカセットテープも、磁気テープも見られなくなった。巻物としての書物からはじまった文化が二十世紀から二十一世紀になるところで、終焉したのである。と同時に、科学技術の新しい発明がすべて西欧からはじまった時代が終わったといってもいいかも知れない。少なくとも世界の科学技術史にかかげられる新技術の発明がヨーロッパ以外からなされるよ

ヘブライの聖典トーラ

二十世紀の「書物」
映画のフィルム

うになったのは、二十世紀初頭のアメリカの台頭によってであり、また二十世紀後半の日本によってだったが、二十一世紀は科学技術についても欧米や日本の独占は終わったと見られる。

3 ヨーロッパ神話

文化の形を考えるときに、その表れの例としては日常生活の形を取り上げるとしても、その形の中に込められた象徴の体系はその文化の世界観、あるいは人間観から説明されるはずであり、それを最初にあらわしたものはその地域の神話であるに違いない。ヨーロッパ神話はギリシア神話から来ているとか、あるいは『聖書』からだというのは一面では正しくとも、考え方によっては正しくない。民族の固有の世界観としての神話は、いかに先進文化の形としてギリシア神話やキリスト教が強い影響を与えたとしても、その民族、あるいは文化に固有の形があるはずで、ヨーロッパすべてが、ギリシア神話を彼らの神話としていただくわけではない。まず北欧神話がある。またケルト神話もある。ケルトのほうは大陸のケルトの神話はほとんど失われてしまったが、島のケルトでは、英雄伝説を中心としてではあるが、かなりのものが保たれている。

そのなかで、たとえばフランスの蛇女神メリュジーヌについての伝承などはヨーロッパの古層の神話伝承に関係している。水中の妖精はドイツのウンディーネ、あるいはローレライなど多数にのぼり、フランスでもロワール川には青ざめた水の精ドラックが棲んでいるとされる。あるいは水の中から馬が出てきて、人を背にのせて、そのまま水中へ没するとも言う。これを「マレ馬」という。水のなかに河童のような妖精が棲んでいて、日本の「椀貸し淵」のように食器を貸してくれるという伝承もある。

水界の神霊と交わって一族の祖を生む話はオセット族のナルト神話でバトラスやサタナの誕生の神話として語られる。コーカサスの麓、黒海のほとりに住むオセット族は現在はロシアの南端とグルジアに分かれて住んでいるが、これが現在の広義のヨーロッパの東端である。このナルト神話からアイルランド神話まで一貫した歴史があることをデュメジルは示した。

オセット神話のバトラスがヨーロッパの始祖であるかどうかはともかく、彼は蛙女から生まれた。ナルト一族の卑弥呼というべきサタナは海底の竜族から生まれた。あるいはスキタイ族の始祖伝承として語られるヘラクレスと蛇女エキドナの結婚はスキタイ、スラブ系の諸民族に濃厚な竜蛇の性格を与える。

それと時代的にはどちらが早いかわからないが、ケルトのゼウスにあたるタラニスは車輪と渦巻きのついた紡錘状の武器を持っていて、紡錘は雷電をあらわすとされる。渦巻きは雷の稲光をヨーロッパ的に表現したものと考えられる。車輪のほうは太陽であるとも、世界をあらわすとも言われる。ケルト族ははじめ黒海の北岸に住んでいた。そこからスイスへ上ってハルシュタット文明を築き、その後、フランスからスペインまで展開した。その間、ガリア（フランス）を領有していたローマと融合してガロ・ロマン文化をつくった。ケルト神話として残っているおもなものはこの時代のもので、アイルランド・ケルトでは神々は地下へ去って、地上には神々を駆逐した民族しか残らなかった。メルクリウスは蛇の絡まる杖カドゥケウスを持っているが、ガリアにおけるその配偶神のロスメルダは豊饒の角を持つ。同じくガリアのアポロンの配偶神シロナは蛇を持つ。またゴネストロップの鍋でも羊の角を持った蛇がいくつも描かれるが、これはゼウスをあらわすとも、冥界の神であるともいわれる。大陸ケルトの神々は図像的にはいくつかの出土品から確認されるが、その役割や物語は残されていないのでわからない。しかし、まさにその形から言えば、大陸ケルトでは蛇や雷電や車が渦巻きとともによく出てきて、彼らにとっての超越者がとぐろを巻く蛇であった可能性を示している。[14] 例の角を生やした神ケルヌンノスもゴネストロップの鍋では蛇を持っている。鍛冶神スケルルスはハンマーを持っているが、まるで日本の雷神のように、体の周りにこのハンマーまたは樽をつらねて輪にしている像もある。

イタリアの歴史家ギンズブルクは古代のディアナ信女団の集会などがゲルマン社会に隠れキリシタンのように残って、森の奥でサバトが繰り広げられる想像をうみだしたと見る。ディアナではなくともディオニュソス～バッコスの秘儀宗教はローマとその属領に広まっていたから、それがキリスト教の前に完全に消滅したとは思われない。ほかにもキュベレやイシスの秘儀宗教もあった。オルペウス教の形や、エレウシス教の形で残ったものも広くいえばディオニュソス信仰であり、その信仰の形態は家庭や社会の絆からの解放をもとめて、山野にかけだして動物を素手でとらえて、生肉をむさぼり喰い、エクスタシーにおちいる狂乱の宗教だった。それがヨーロッパの僻村に生き続けたことはおおいに想像できるし、ゲルマン社会ではそもそも、ベルセキールといった同様なエクスタシーの秘儀宗教、あるいは秘密結社があった。こちらは青年結社で凶暴な戦士をつくりだす組織だったが、この団体に入ると、一年のあいだ、住まいを捨てて、森に住んで、素裸で過ごし、獣を素手で

ケルトの雷神タラニス
ガロ・ロマン時代の青銅像
サン・ジェルマン・アン・レイ、
国立考古学博物館

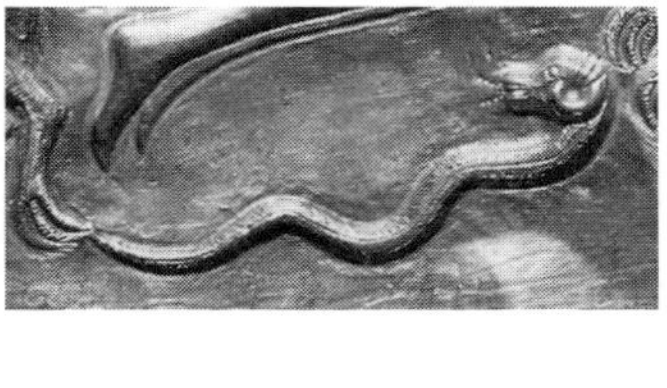

ゴネストロップの鍋に
描かれた羊の角の蛇
デンマーク国立美術館

つかまえて引き裂いて食べるのはディオニュソス信女たちと同じだった。そのあげく、彼らはいかなる戦闘でも恐怖を感じなくなり、敵にむかうときは熊になりきって、盾に噛み付いて獣の吠え声をあげた。ヨーロッパの基層にはそのようなエクスタシーの宗教があり、それが神話として特有の形をもっていた。ディオニュソス信女たちをマイナスといい、そのエクスタシー状態での乱舞の模様がギリシアの壺絵などに残されているが、この恍惚として踊り狂う女たちの様子は、その後の舞踏やロンド、あるいは近年の若者たちの身体をくねくねとくねらせながら踊る風俗まで含めて、ひとつのヨーロッパの文化の形になるのである。

踊りならどこにでもあるといっても、ヨーロッパでは、このディオニュソス祭式のなかの渦を巻く恍惚と興奮のるつぼの形は記憶されていいだろう。日本の盆踊りでも、あるいはお陰参りなどでの集団の熱狂の踊りでも、踊りの基本は回転であるとしても、日本の踊りの手振りはどちらかというと手を差し上げ、差し伸ばす動作が多いように見られる。それにヨーロッパ風の男女のカップルが絡み合いながら回転する形は少ない。回転自体はトルコやアラビアの舞踏僧の踊りがあるが、一般的にはアフリカでもアメリカでもオセアニアでもそれぞれの原住民の踊りは集団で輪になって踊っても、特定の男女が絡み合う踊りは少ないし、あるいは個人でもひとりっきりで踊り狂って恍惚となる「踊り」は少ない。ディオニュソス祭式の踊りで

鍛冶神スケルルス像　ボルチモア、ウォルターズ・アート・ギャラリー

ディオニュソスの祭壇の前で踊り狂うマイナスたち　ベルリン博物館

は一人ずつ、神と抱き合って踊っているような錯覚をもって身をそらせ、くねらせ、乱舞するのである。それは狂乱の神との交接である。集団で規則にしたがって踊る宮廷舞踊があり、それが興奮の渦に巻き込まれているうちに特定の男女、あるいは個人と神との絡み合う形になってゆくのだが、ここにヨーロッパ社会の集団の論理と個人の論理の相克が見られる。アフリカなどの祭りでは、集団が輪になって踊っているうちに興奮が高まって一斉に絶叫したりする。個人が集団の力に集合されてゆくのである。ヨーロッパの、特にディオニュソス系のエクスタシーの祭りでは家族や社会の規制から抜け出した男女が山野で、踊り狂って神との交接に恍惚となってゆく。最初に集団があり、社会があり、規制がある。それも厳密に規定された法秩序がある。それを個人が個人的な旋回の動きによって抜け出すのである。そうやって社会の規範から脱出したものを神が個人的に受け入れる。ルーダンの修道女たちの集団ヒステリーといわれる魔女騒ぎでも、身をそらし、恍惚の喘ぎ声をあげる修道女には修道院の規則も仲間の視線も意識されなかった。神と抱き合って全てを忘れるのである。しかしそれは厳しい規則に律せられた修道院の集団生活ではじめて起きるものだった。

サバトで信女たちのミサを取り仕切るのはねじれた角を生やした山羊で、これは

ゴヤ《魔女の集会》一七九七-九八年
マドリード、ラサロ・ガルディアーノ美術館

山羊神パーンあるいはファウヌスやサテュロスから来ていたが、いずれもディオニュソスの眷属だった。ヨーロッパの山羊、あるいは野生の山の羊ムフロンは巨大な角を生やしており、メソポタミアでは大きく丸くなった角が盃の飾りなどにも使われたが、ヨーロッパの山羊はたいていねじれた角を持っていた。その様子はサバトを主宰する黒い山羊を描いたゴヤの絵に見る通りである。

柳宗玄はその『西洋の誕生』で「羊」について語っている。『かたちとの対話』では、スーサの山羊角杯について語る。羊についての議論はヘントのファン・アイクの祭壇画、「神秘の羊」にまでおよぶだろうが、ここではむしろそこを通り越して、首と手足をきりとった羊の形であるといわれるフランスの国土の形、そしてそれと同じ羊皮紙とそこから出た新聞紙の形や、同じく羊を殺して首と手足を切り取って作りあげたバグパイプや、その源流である酒や水を入れる皮袋を思い出す。「古い皮袋に新しい酒を」ということわざは世界中に通用すると思われているが、日本では「皮袋」といってもあまりぴんとこないだろう。そもそも日本には羊がいなかった。

羊の親類の山羊では、卑猥な山羊神の伝統も思い出される。ディオニュソスの眷属であるパーンやファウヌスたちは「山羊脚」で「角のある神」だった。ゴネストロップの鍋に描かれたケルヌンノスは鹿の角を生やしているが、手には羊の角をつ

巻き角の羊

ゴネストロップの鍋に描かれた
ケルトのケルヌンノス神
デンマーク国立美術館

けた蛇を持っている。また牛の頭の装飾はメソポタミアでもエジプトでもあるが、いずれも見事な角を生やしている。この角がみな螺旋を描いている。動物の角はたいてい、螺旋形に成長する。ちなみに一角獣の角も螺旋を描く。

ヨーロッパの基層神話や基層信仰に「角のある神」の崇拝があったというマーガレット・マレーの説はアメリカ系の歴史学者に完膚なきまで否定されたが、歴史家にとっては根拠のない夢想でしかないとしても、人類学や神話学では、これまた間違いのない事実だった。歴史学としては、むかし角のある神がゲルマンの森に住んでいたなどということを大まじめに言うわけにはいかないのは確かだとしても、そのような「迷妄」を当時の民衆が信じて、山羊神を信じていたり、あるいは角のある神が豊饒を約束してくれるものと思っていたということは、少なくともゴネストロップの鍋やセーヌ船主組合の奉納柱などをみれば明らかなのである。

その角は鹿の角であることもあるが、多くは山羊のねじれた角だった。蛇で、羊の角をつけたものがガリアでは重要な役を演じていた。また牡牛神は三つの角を持って描かれたが、これは三本足のカラスなどを陽の印とする中国などの発想と同じものかもしれない。いずれにしても角は聖性の印で、ねじ曲がったもの、ふつうより一本多いもの、ぐるぐると螺旋を巻いたものなどが尊ばれた。羊角の蛇はガリアのエシュス神も手に持っているが、地下の豊饒性をあらわしている。

一角獣とマリアのタピスリー
一五〇〇年頃、中部ライン地方で制作

第三章　文化のシステム

1　ダイヤルと押しボタン――鍵の回転

そもそもヨーロッパ科学技術のシンボルであった歯車や車輪、あるいはプロペラやスクリュー、さらにはコイル、螺旋、ネジ、などがすでにして過去のものになりつつある。ヨーロッパでは車輪やスクリューを回して文明を進ませてきた。それが、航空機でもジェットになり、ロケットの時代になるとプロペラがぶるんぶるんと回る飛行機は宮崎アニメの回顧的イメージをさえ思わせる。ロケットは大昔からあり、砲弾だってけっしてプロペラで進んだわけではない。したがって火薬や燃料を爆発させて前へ進むジェットエンジンでもロケットでも、けっして二十世紀の発明ではないし、ましてや二十一世紀のものではない。しかし、そのロケットを発射させるのでも、一昔前の映画『メトロポリス』的イメージでいえば、ダイヤルを回して操作した。押しボタンになるのは二十世紀である。二十一世紀はコンピュータ上の操作であろう。『千と千尋の神隠し』で、エレベーターのドアをハンドルレバーを回して閉めるところがあったが、十九世紀のイメージでは船の舵輪や踏み切りのハンドル（これも最近は見ないが）のようなものを回してドアを開けたり、機械を作動させたりしたのである。電話がそもそもそうだった。ダイヤル式の電話機で「ダイヤル」を回したというのは今の世代の人にはもう想像もつかなくなったが、その前は、電話機の横についていたハンドル（クランク）をぐるぐると回して交換手を呼び出して通話をした。必ずしもその回転運動が交換手を呼び出すのに必要だったわけではなく、単に、遠距離通話という魔術めいたことを実現させるにはハンドルを回すというしぐさが精神的にも必要とされたのに違いない。したがって、電話番号を入力するのも、プッシュ式になってみれば、ダイヤルを回すというのが不思議なことに思われる。しかし、電話だけではない。水道の蛇口も回して開けた。ドアのノブも回転させて開け、ドア自体が蝶つがいの上で回転した。自動ドアになってもヨーロッパでは回転ドアが多く見られる。あるいはドアの錠前もシリンダー錠などで、鍵を差し込んで時計回りに回して開けた。自動車のスターターも鍵を入れて回すのである。これもスクーターがボタン式になったように、いずれはタッチ式になっても不思議はない。これも大昔はエンジンの前に行って、クランクでエンジンを回して始動した。ヨーロッパでは昔はすべて回して動かし、回して開けたのである。ワインの壜の栓でもそうだし、金庫もダイヤルを回した。テレビのチャンネルも初めはダイヤル式だった。さらに冷蔵庫やテレビのような電気器具もヨーロッパではつい先頃までは鍵がついていて、鍵を差し込んで回して開けたのである。フランスの学生寮にいたころ、もう今から四十年も前だが、そのころは、寮のホールにひとつテレビがあって、それを見るのに管理人のところへ鍵を借りにいかなければならなかった。これも今ではテレビを見るのに鍵が必要だったなどというと縄文の昔の話のように思われるかもしれない。

「開ける」だけではなく、時計のようなものも、作動させるにはぜんまいを巻いた。もちろん自動人形もぜんまいで動いたから、おもちゃでもぜんまいを巻いて動かしたものだ。回さなければ動かなかったのである。これが二十一世紀ではすっかり様変わりして、ダイヤルなどを回すかわりにリモコンのボタンを押すようになった。車も始動はキーを入れてもドアを開けるのにはもうキーを使うことは少なくなった。部屋のドアも少なくともホテルでは今はほとんどカード式かコード式になった。鍵を回すというしぐさが消えてゆく。それはプロペラやスクリューを回して乗り物を進めた時代の終焉と一致し、ドアのノブを回して開けるということも少なくなって、昔なら日本式だった引き戸が自動ドアでは世界標準になった。ヨーロッパの形はそこでも二十世紀までのものになってゆくのである。

「回すと開く」という観念はワインの栓抜き、瓶詰のキャップ、酒樽の注ぎ口でも見られた。樽に蛇口がついていて、それをひねれば酒が出たというのも、日本ではあまり馴染みのないことで、日本では鏡開きといえば、樽の鏡板を打ち割ったのである。しかし、これも、まず缶ジュースなどで、プルアップ式がふつうになってきて、ニホンザルはこの缶ジュースのつまみをひっぱって開ける。ニホンザルだけではなく、マレーシアなどでも観光客が持っている缶ジュースを猿に奪われるという。牛乳などもヨーロッパでは瓶詰めでキャップを回してあけるが、最近は紙パックが多くなったから、「回すと開く」という観念はなくなりつつある。缶詰もプルタブ式になって、昔のように回転式の缶切りで開けるということはなくなった。ちなみにこの回転式缶切りというのもヨーロッパの発明だった。

2　交易の形

ヘルメスの杖が二匹の蛇の絡まる形であることは、第二部「カドゥケウス」の項（77頁）で見る通りである。ヘルメスは交易を司る。この杖によって象徴される交易がヨーロッパの特有の形だというと、疑問に思われるかもしれない。交易はアラビア商人の専門だったのではないかとか、中国人もかなり遠距離の交易をおこなっていたというだろう。日本も明と朱印船貿易などをおこなっていた。しかし、違うのは世界は丸いと信じて太洋に乗り出していって、地球の裏側から胡椒や絹や金銀を持ってきたことで、これは世界は四角いと思っていた日本では考えられないことだったし、アラビアでさえ、インド洋でこそ大きな顔をしていたが、大西洋や太平洋を渡って世界を一周する船を建造することはなかった。アラビアの通商は沙漠のキャラバンだった。駱駝の列がゆっくりと沙漠を渡ってゆくのである。その行程は螺旋にも円にもならなかった。

ヨーロッパの交易はそのアラビア商人が握っていたインド洋交易ではなく、それを通り越したアメリカや中国であり、船で地球を一周しておこなわれた。商人は船をしたてて海外交易をしたのである。ただ、その出発点は町の円形広場で、商品を並べるのでも、出資者を募るのでも、人の集いが出発点であり、丸い地球に乗り出してゆく船も卵殻形のコック船だった。(15) 容器はだいたいが丸い樽で、それもヨーロッパの樽は「ビヤ樽」あるいは「ウイスキーの樽」をイメージすればわかるように胴がふくらんだ丸いものだった。粉末や穀物なども丸いバレルではかった。香料もコーヒーも樽か、麻袋だが、丸形の袋だった。日本の俵のようなものだ。

布はこれは今でもそうだが、円筒形に丸めて売った。大型の巻物である。商人の積荷は樽か巻物だった。縫い上がりの衣類の交易はなかった。宝石などは樽に入れて運んだ。象牙も丸かった。毛皮もだいたい丸めてきた。現在、世界で交易される商品のうち、たとえば鉄鋼とか石油、自動車、食品、衣類、玩具などは以前は交易商品ではなかった。昔は工業生産品はなく、せいぜい陶磁器だった。皿でも壺でも茶碗でも丸いもので、包装は四角い箱が多かったが、中身は丸かった。交易といえば丸いものというイメージがあったのである。

3 遊びの形

ヨーロッパ文化を軍事、産業、政治だけによってではなく、遊びについても見ることの一例として、音楽や舞踏を取り上げたが、子供たちの遊びでもどこにでもあるまり遊びにしても、昔は必ずしも世界中にあるものではなかったのは、ゴムまりが、ゴムを生産する地域よりは、むしろヨーロッパでのみ知られた遊具だったからで、平安の日本では弾まないまりを蹴っていた。日本の玉蹴り遊びである蹴鞠が西洋のサッカーに比して、動きの少ない遊びであるといったのは、鞠が弾まないからでもあった。そのサッカーと自転車のロードレースがヨーロッパ中をわかせるプロスポーツだが、自転車の場合はもちろん十九世紀末の発明だったし、サッカーもそれほど古いものではなかった。ブリューゲルの描いた子供の遊びを森洋子が細かに分析しているが、サッカーのようなものは入っていない。その代わりでもないが、樽のたがのようなものを回してゆく遊びはあったようで、これも車両文化のしからしむるところだったかもしれない。かつて日本でも流行ったフラフープのような遊びもクレタからあったようだ。

まり遊びはギリシアやローマにもあったようで、ピレウスの「運動家墓碑」では、裸で、サッカーボールくらいの球を太股に載せている男が描かれている。これはどうも近年のサッカー選手のやることのようだ。

「お手玉」の類があったのはやはりギリシアやポンペイの壁画に見られるが、室内の遊びではトランプゲームがヨーロッパでおおいに流行した。トランプも二十四

運動家の墓碑
ピレウス出土　紀元前四世紀前半
アテネ国立考古博物館

枚のものだけではなく、今では占い専用と見られるタロットカードを使うものもあった。そして盤上のゲームではチェスがある。これらはサッカーも含めて、模擬戦闘といってもいいもので、遊びである前に軍事文化であったかもしれない。

ホイジンガは西欧語の「遊び」が楽器の演奏や演劇的演技にも使われることをあげ、一般に日常生活からの逸脱を指示するとする。彼にとって、「遊び」は美を目指す精神であり、神秘的なものでさえあり、いわば「聖なるもの」である。(16) 確かに「お手玉」あるいは「さいころ」「おはじき」の類は神事・祭事でもあったようで、宗教起源といえるかもしれない。すると生産に関わるような遊びがあったろうかというと、牧畜、農耕などをかたどった遊びは、あまり思いつかない。食文化を模倣した「ままごと」のようなものは当然、ヨーロッパでもあったろうが、特にヨーロッパ独自というものではないだろう。遊びになるかどうかわからないもので、棒馬というものがあるが、これはむしろ伝統祭事かもしれない。デュメジルはこれを宗教的文脈でとらえている。九柱戯は祭りや宗教にはかかわらないが、玉転がしであり、メイポールの上に鳥などをつけて、それを弓で射落とすゲームは、弓の王を選ぶ儀式だった。少なくとも季節行事で、春の復活を祝う伝統行事だったろう。日本だと柱松といって、高い竿の天辺に松明を投げ上げて火の祭りをした。ヨーロッパの弓祭りのほうは、そのあと、みんなで夜通しロンドを踊るというような民衆の祝祭になった。祝祭の文化もどこにでもあるはずではあるが、ヨーロッパのカーニヴァルの風俗はやはり独特かもしれない。弓の祭りで弓の王を選び、牛の祭りで牛の女王を選んだりするのと同じように、カーニヴァルでは阿呆の王、あるいはロバの王を選んで、道化を一日限りの王にして、ロバに逆さまに乗せて行進させたりした。ほかにはもちろん「鬼ごっこ」のようなものもあるが、「狼の尻尾」などという遊びでは子供たちが輪になって、ぐるぐる回りながら、鬼、あるいは狼をつかまえようとしたりする。

ぐるぐる回るというのは世界の遊びの基本のひとつだろうが、メリーゴーランドもヨーロッパで発明され、おおいに流行した。そのもとは五月の祭りで広場に建てられた「メイポール」に紐をつけて、みんなで輪になって回る遊びだろう。この柱もリボンを螺旋形につけたものを、鶴岡真弓が紹介している。[17] サーカスというのも、円形演舞場という意味だが、見世物も、遊び場も、舞踏場もみな円形の世界だった。今のように遊園地やテーマパークというものが固定した施設になる前は、サーカスや見世物の芸人が幌馬車にテントを積んで回って歩いた。その中にメリーゴーランド、あるいは木馬がたいていあった。これは木馬が上がったり下がったりしながら回転するものだけではなく、メイポールの周りをポールに紐をつけてぶら下がって回るようなものもあった。観覧車とか、コーヒーカップのようなものの中に入って、それが半ば宙を飛びながら回ってゆく。子供だけではなく、休日の恋人たちもそうやって肩を寄せ合いながらぐるぐる回っていた。祭りや恋のめくるめくときめきを楽隊の音楽や、メリーゴーランドの回転が演出していたのである。そしてもちろん、舞踏としてのロンド、ワルツがあったが、素朴な村の祭りでも人は自然に輪になってぐるぐると回ったのである。殿様の前では整列していたし、兵隊であっても列を作って行進した。しかし、ひとたび遊びとなると、子供たちでも大人でもぐるぐると回りだした。回ることが一方では科学技術であり、他方では遊びだった。直線的にぶつかりあう戦闘が話し合いによって解決し平和がもたらされれば、両軍は入り混じって手と手をつないで輪になって踊った。

なお、遊びか儀礼かはたまた職業かわからないものもあり、クレタの壁画に描かれた、牛の角を持って牛の背中で一回転して着地する曲芸は、スポーツとも、闘牛のようなものとも、あるいは牛祭儀の儀礼とも諸説が定まらない。牛はクレタでは神であった。その牛との「遊び」は宗教的なものであった可能性が高いが、少なくともそのパフォーマンスを競技場で見せて喝采を博すこと、さらには、それによって賞金や報酬を獲得することであった可能性も高く、はたしてそれは「遊び」なのか、職業なのかということになる。円盤投げは競技であった。ライオンとの格闘はギリシアではスポーツだったかもしれない。しかし、この牛の背での一回転は何だったのだろう。トリックスターのコヨーテが危険な宙返りをして見せるのは「遊び」である。競技でも職業でもない。遊びとは、楽しくなければならないということはない。命を懸ける危険な遊びも少なくない。しかしそこで注目されるのは、ひたすらまっすぐ突進することしかできない牛を相手に、その背中で宙返りをしてみせるという精神である。牛に比べた人間の柔軟さを誇示するものとも見られる。その回転の形を競うなら、競技である。しかし、人と人との競技であるより、野獣としての牛との柔軟さの競争であったかもしれない。ライオンを組み伏せ、牛の背中で回転してみせて牛を嘲弄し、馬と競争して速さを競う。人間としての限界に挑む近代的な挑戦だったかもしれない。そしてその形が螺旋や円運動なのである。牛相手でも今日のスペインの闘牛は闘牛士が赤い布をさばきながら、あたかもバレエでも踊るかのように華麗な身振りで牛の突進をかわして喝采を博するが、これも、だいたいは回転運動である。

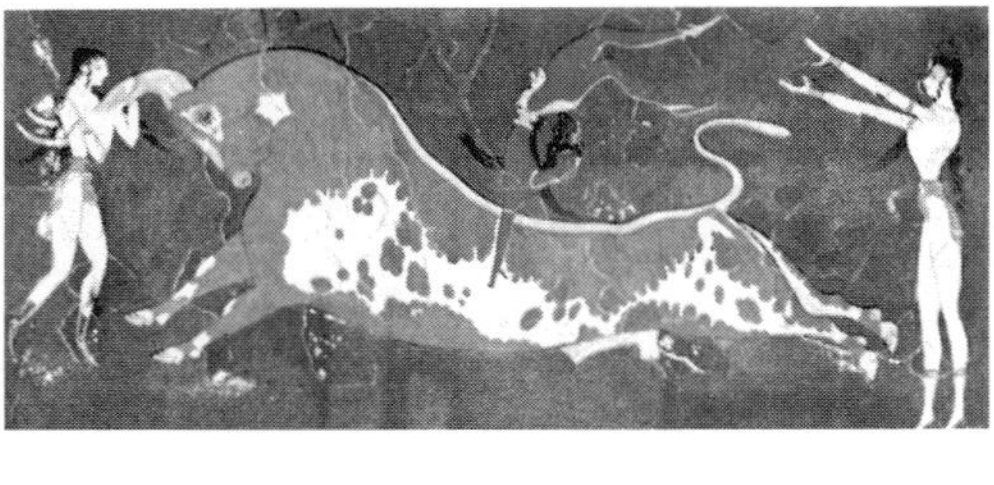

クレタ、クノッソス宮殿壁画の「牛跳び」
イラクリオン考古学博物館

ちなみにオリンピックの体操やフィギアスケートなどもたいていは回転で、氷の上でジャンプをして三回回転をしたり、鉄棒でも大回転から身体を三回半ひねって着地をしたりする。なぜ、そんなにまで「回転」あるいは「ひねり」をしなければならないのかというと、どうやら、これもヨーロッパのダンスや遊戯の基本が回転にあるからであり、これらの競技のもとが「遊び」であったからだろう。三回転ジャンプなどというのは実用的意味はなく、純然たる「遊び」である。トリックスターのコヨーテの話では、木の上からとんぼ返りを打って落ちてみせて喜んでいる。そのうち、失敗してすごすごと退場するのである。

最近は体操でもフィギアスケートでも、ロシアやルーマニアなどを別にすれば、西ヨーロッパはあまり精彩がなく、むしろ日本や韓国、中国などがメダルを取ったりしているが、これは自動車だの時計だのといった西欧科学技術の粋の製品を今は日本などがおおいに生産しているのと同じことで、もとをただせば西欧のものなのだ。ところで、話は少しずれるが、かつてフランスにいたころ、オリンピックで、日本の選手が体操で、たくみに回転しているのをテレビで見ていたフランスの学生が、すごい、まるでほんとの猿だ、と言ったのを聞いて複雑な思いをしたことがある。日本人がまたメダルをとったなどといって得意になっていたら、猿みたいだ、というどころか、ほんとの猿だというのだから、冷や水をかけられたような気がした。ほんとの猿というのは、日本人は猿そっくりだとか、アジア人は進化の途中で、まだ猿に近いのだといった暗黙の蔑視感情があることの証拠だった。

猿には遊戯本能がある。しかしチェスのような頭脳的「遊び」はできない。またサッカーのような協同プレーを必要とする集団の遊びはむずかしい。ヨーロッパの代表的な「遊び」をサッカーとチェスとすれば、社会的集団での役割分担がサッカーの基本であり、頭脳的計算がチェスの基本だろうが、もうひとつ、その双方にあるものは厳密な規則あるいはルールで、そのルールの中で、ルールにそって、「遊ぶ」あるいは勝敗を決するのであり、たとえば陣取り遊びのようなものをルールなしにおこなうのは猿にもできるが、ルールを学習させ、遊戯本能とその知識、あるいはルールを遵守する基本的社会的行動を合致させることはむずかしいのである。

多くの遊びが技術文化と同じく、回転を基本とするものであって、戦闘は直線的にぶつかりあうものだったが、そこでもヨーロッパでは厳密なルールがあり、少なくともヨーロッパ内の戦争はゲームのようにルールにのっとって行われた。ほかの「遊び」と違うのは、非生産的で、事実、生産より破壊をもっぱらとするものだったが、騎士文化としては、戦闘の準備、あるいは訓練をかねて騎馬槍試合などが行われた。

4　騎馬槍試合の槍

ヨーロッパ中世の騎士道華やかなりしころは、折さえあれば騎馬試合が催された。長い槍を持った騎士が両方から馬を走らせてぶつかるのである。それを国王以下、宮廷の貴婦人たちも列席して観戦した。騎士たちは戦う前にいならぶ宮廷の貴婦人たちの前へ進み出て、「意中の夫人」のスカーフなり、リボンなりを請い受けて、それを槍の先につけて戦った。勝てばその勝利はスカーフの貴婦人に捧げられた。このときの長い槍が紅白の布を螺旋形にぐるぐると巻きつけたものが多かった。紅白ではなく、青緑などもあり、これは「意中の貴婦人」の好みの色によった。これがかつての宮廷の最大の楽しみで、日本なら相撲にでも相当するものだった。三メートルはある長い槍に紅白や青緑の布を螺旋形に巻き付けたものがぶつかりあうのは壮観で、ある意味では男根象徴を振立てて、貴婦人の愛を獲得することを賭けたのである。一角獣の貴婦人のタピスリーに見られる一角獣の角も象徴的には同じだった。一角獣も、槍を持って貴婦人につかえる騎士をあらわしたものだったかもしれないのである。この一角獣の角もまさに螺旋形である。自然界に存在する類似のものとして、海獣のイッカクがそれになぞらえられることもあるが、どちらかといえば、貴婦人の膝に頭を乗せて喜んでいるタピスリーの一角獣は貴婦人のために命を懸けて槍試合をする騎士のほうがふさわしい。槍をかかえた騎士を乗せた馬は額から角が出ているようにも見えただろう。ちなみにスカーフは相撲の懸賞のようなもので、それを与えたからと言って、貴婦人が騎士に愛を約束したわけではない。たいてい、貴婦人には夫がいて、スカーフ以上のものは与えられないことになっていた。ただ、それはおおやけの建前で、夜中に、昼の試合で勝った騎士が忍んでくれば、貴婦人は喜んで迎えたであろう。

この槍試合は鉄の穂はつけない木製のもので、槍が身体に刺さることはなかったが、折れた木片が眼に刺さるなどという事故があり、フランス王のアンリ二世は自ら出場した試合で、相手の槍が目から頭に突き抜けて死んでしまった。最近は柵で両方の馬の走るコースを分けて、馬同士がぶつかることがないようになっているが、もちろんそれだけ迫力には欠ける。この槍に似たものがヴェネツィアのゴンドラの係留柱にも見られる。また、舟同士、槍合戦をする「ゲーム」もある。いずれも槍には螺旋形にリボンが巻かれている。

騎馬槍試合

5　議会政治の形

ヨーロッパ文化の到達した形として議会制民主主義をあげる論もある。ブローデルなどは多分にその論者だった。しかし、英・仏、スペイン・オーストリアなどに成立した絶対王政がそれなりに文化の花を咲かせたことも否定はできない(18)。実は政治や経済力の頂点と文化創造の頂点は必ずしも同時期ではなく、イタリア・ルネサンスはむしろ経済的退潮期に頂点を迎えている。それでも、そのイタリア・ルネサンスの発祥の地であるフィレンツェはメディチ家が専制政治をしいて文化を推進させていた。後のロシアやスウェーデンでは「啓蒙君主」の趣味が文化を推進させたのである。とはいいながら、まさにその「啓蒙君主」にしてからがヨーロッパ的なもので、いわゆるアジア的な暴君とはことなっていた。そもそも、絶対王政を支えたのは貴族たちの合議であり、たいていの絶対王政に議会があったし、後には王をその議会が首にしたり、よそから別な王を迎えたりということが、たとえばイギリスでは議会政治の成果としてあげられるし、フランスでは民衆が王を追い払う大革命をおこした。議会政治ということなら、ギリシアから続いているのである。ローマでも共和制があって、その後に帝政になった。初代の皇帝アウグスティヌスは共和制を守った。その後も元老院が皇帝を任命する形を取っていた。議会がある限りはアジア型の専制君主制ではなかったのである。ヴェネツィアやフィレンツェは最後まで共和国だった。そのもとはギリシアのポリスである。ゲルマン社会でも民会が開かれていた。アイスランドの「シング」は、ケルトにも議会があったことを想定させる。

そのヨーロッパ的議会の形として、たとえば今日、ドイツ連邦議会の球形の議場やヨーロッパ議会の円形議場が思い浮かぶが、そのもとはギリシアの会議場で、これは円形の広場からでたもので、円形の競技場、円形の劇場などと同じ、人の集まる形として円形ができたのである。

その円形議場で、ヨーロッパの政治は「二大政党制」を早くから確立させた。右と左、貴族と平民、雇主と労働者が二手に分かれた議論をしながら、双方が納得する解決策を模索したのである。フランス革命後のジャコバンとジロンドでも、ローマ教皇庁のギベリンとグエルフでも、ヘルメスの杖のような絡み合いで、弁証法的前進をめざしていた。

神聖ローマ帝国の場合は選挙候たちが皇帝を選んだ。フランクでも皇帝は教皇から承認されることが形式的には王となる条件となっていた。それを盾にとって「王権神授」説をとなえることもあったが、逆にいえば、王は神の代理人であって、神の正義の執行官であっても、彼自身は恣意的な権力はもたないとも考えられた。いずれにしても、選挙や代議員会、民会、元老院などの合議システムがあり、王や皇帝でも、それらのシステムによって選任されたり、議会に諮問したりするものであるという観念がいわゆる「アジア型専制君主」とは違う政治体制をつくりあげていたのである。[19]そしてそこでは二手に分かれた党派の主張が弁証法的な渦を巻き、各国の大使が集って大事な議論をすれば「会議は踊る」となったのである。

第二部 蛇の絡まる木

ヨーロッパの黄昏

ローマ以来二千年のあいだ、ヨーロッパ文明という巨大な車輪が一時も休むことなく回り続けていた。しかし二十世紀に入るとその「ヨーロッパ」の価値に陰りが見えてきた。二度の世界大戦はヨーロッパを打ちのめした。十九世紀の末にすでに二千年紀の終末が予想されていた。ワグナーの『神々の黄昏』はもちろん北欧の「ラグナロク」神話をふまえ、世界の終末を描いていた。それから半世紀、ヨーロッパは再びアポカリプスに直面した。

アンドレ・ブルトンは、その第二次大戦を逃れてカナダへ疎開していたとき、カナダ最北端のガスペ岬を歩いて、黄金色に色づいた初秋の林のなかを「ヨーロッパ」という巨大な蛇がはっているのを見た。「ヨーロッパ」あるいは「メリュジーヌ」というのだが、もちろん、古いヨーロッパの文明が戦火を逃れて新大陸へ逃れてくる様子を、ヨーロッパの古い伝承の蛇妖精メリュジーヌの姿に仮託して想像したのである。キリスト教によって否定されたヨーロッパの古い伝承の代表がメリュジーヌ伝承で、森の泉のほとりにあらわれて、美しい歌で失意の騎士の心をなぐさめた妖精は、見るなという姿を禁じられた日に覗き見ると蛇だった。素性を見られた妖精は飛び去った。今「ヨーロッパ」の蛇女神が新大陸に逃れてきた。古いヨーロッパは終わったのだろうか。

古代文明が太陽より月を信仰し、蛇や蛙の姿で、月女神を崇拝したというのは、ギンブタスの『古代ヨーロッパの神々』や、ヘンツェの『月信仰の象徴』などでも明らかだし、日本でも同様であることはネリー・ナウマンの『生きの緒』などにも論じられている。古代ヨーロッパの民衆伝承では、山野に豊饒の女神がいて、動物の姿であらわれたが、その姿のひとつが蛇だった。ワグナーの『タンホイザー』などに取り上げられた「ウェヌスの山」も、異伝では蛇女王の山だった。山中に踏み迷った騎士がとある宮殿に導かれて、美しい女たちに囲まれて夢のような日々を送っていたある日、ふと見ると、女たちがみな蛇になって水を浴びていた。日本なら竜宮伝承で、美女の本体が竜だったという話で、これはヨーロッパだけではなく、世界中の古い文明に共通して見られる古代の「夢」である。

ブルトンはカナダに逃れてきて、古いヨーロッパを懐かしみながら、一種のへその緒のようなもので、自分がヨーロッパの胎盤につながっていることを意識していた。そのへその緒が蛇女神メリュジーヌだった。メリュジーヌは騎士レモンダンと結ばれてリュジニャン家の始祖となったが、後にその一族に災いがふりかかってくるときは、翼のある竜の姿で城の上空に舞い戻って哀しい叫び声をあげて警告をし

風見としてのメリュジーヌ
（フランス・ポワトゥ地方）

たという。今、古いヨーロッパの文化が危殆に瀕したとき、大女神メリュジーヌが巨大な蛇の姿をカナダの林のなかにあらわして、文明の危機について警告を発するのをブルトンは見たのである。その警告に基づいて書かれた彼の『秘法十七番』では「妖精の叫び」を語り手は三度聞く。『秘法十七番』とはタロット・カードの十七番の絵札「星」[20]である。ヨーロッパ文明の基層に潜む魔術や占いの伝統をそれはあらわしている。ヨーロッパ二千年の科学技術と機械文明の究極が戦車、戦艦、戦闘機、ロケット砲、機関銃、毒ガスなどによる文明破壊と殺し合い競争に行き着いたとき、科学にも、技術にも縁のない民衆の魔術的文化がまだ健在だった。

ヨーロッパの蛇妖精ではヴイーヴルというものもあり、柘榴石のついた宝冠をかぶった蛇で、この宝冠をとると美しい女になって水浴をする。M・エーメに『ヴイーヴル』(一九四一年)という作品がある。メリュジーヌには翼が生えて空を飛ぶ。翼のある蛇はD・H・ロレンスにあり、メソアメリカの神話の蛇だが、造形的には長い首の白鳥である。首を蛇と見立てる。白鳥妖精の話は世界中にある。ヨーロッパではもうひとつ、白鳥は屹立した男根の造形である。翼は勃起力をあらわす。翼のついた蛇の形の男根の模型を今でもギリシアの土産物屋などで売っている。ただし蛇一般は螺旋形であらわされる。「蛇の絡まる木」を柳宗玄は豊饒の象徴と説く。

第一章 聖書の蛇

1 創世記

古代ヨーロッパの文化はやがて浸透してきたキリスト教によって圧迫される。そこでは、たとえばギリシア文明ですら、その大理石の女神像とともに否定され、美しい裸身像には黒い衣を着せかけられる。

しかし、キリスト教が生まれた中近東でも蛇や竜は信仰されていた。その痕跡は『聖書』にも随所に見られる。まずは創世記のエデンの園の蛇である。この蛇はギリシア神話で西の果ての楽園へスペリデスの園の黄金のりんごを守っていた竜とおそらく同じものである。起源的には竜は必ずしも悪ではなかった。蛇としても冥界を指し示しはしても、地上においては豊饒や、あるいは沈黙の知恵、慎重さなどをあらわしていた。ヘブライ世界でも、もっとも価値あるもの、ここでは「知恵」を守る番人だった。それを「食べるな」という禁忌は、美しい女神の裸身を「見るな」という禁忌と同じもので、人間の知りたい欲求をむしろあらわしたものである。「知恵」は人間には禁じられていても、それ自体は黄金のりんごにも匹敵する宝物であった。人間はそれを自分のものとして、楽園を追われたかわりに、科学技術を獲得したのである。ヨーロッパといえば、世界でもっとも科学技術の進んだ文明である。それを人間は蛇の手から受け取った。「神」にそむいて、アダムは蛇に従ったのである。

しかし、楽園の木の実を食べることが禁じられていたということは、後のキリスト教の非人間性といってもいいような偏狭な性格をあらわしている。しかも、それが「知恵」であったならなおさらである。神であるなら、人間に知恵でも、命でも、黄金でも、美酒でも、快楽でもなんでも惜しまずにくれてもよさそうである。少なくとも「嫉妬深い」神、吝嗇な神がいて、いっぽう、慈愛深い神、ものおしみしない神がいれば、どちらを選ぶかは自明であろうが、禁止命令をふりかざす神を選んだ民族はマゾヒストなのか、それとも、よほど放埒で、ことあるごとに禁止をしなければならないような民であったかであろう。

ヘブライの神は「嫉妬深い」神であった。その神は人間が神以上のものになることを怖れて、知恵も命も快楽も隠そうとしていた。蛇はそのヘブライの神が隠そうとしていた「知恵」を守っていたというより、それが「神」の本質だったかもしれない。すべてのものを見そなわす最高の知恵である神、あるいはその知恵を守っているものこそ蛇だった。蛇が神をあらわしていた。少なくとも、この「嫉妬深い」神は蛇を使い神とする神だった。

2 青銅の蛇

「嫉妬深い」神は蛇をもって人々を怖れさせる。この神の威力をあらわすのに、杖に蛇をからませて、人々に示したのである。その例としては、ネボ山に立っている蛇の絡まる十字架も思い出される。モーセがイスラエルの民をエジプトから故郷へ導いたとき、彼らを砂漠で襲った毒蛇を退散させたのが、モーセの作った青銅の蛇で、ネボの十字架はそれをあらわしている。しかし、そもそもその「炎の蛇」を送ったのがヘブライの神だった。

この「青銅の蛇」の話は実はよくわからない。モーセの奇跡なのか、神の力の顕現なのか、イスラエルの民の不信仰のエピソードなのかだ。

ネボ山の十字架

そもそもモーセに神があらわれたとき、手にしていた杖が蛇にかわる奇跡が起こった。「燃える茨」の場である。モーセが羊を追って山を歩いていると、道端の茨が燃えているのが見えた。そこへ行ってみると神が炎のなかにあらわれてモーセに呼びかけた。そしてイスラエルの民をカナンの地へ導くように言った。モーセがどのようにして人々を説得できるのかというと、杖を投げてみよといい、投げた杖を蛇に変えた。モーセはファラオのもとへ赴いて同じ術を見せた。ファラオの術師たちも同じようにしたが、モーセの蛇が彼らの蛇を呑み込んでしまう。術比べの二度目はナイルの水を血に変える。次は蛙を大量に発生させる。さらに蚋やアブを発生させ、また動物たちを疫病で殺した。また雹やいなごの災いを送った。昼なお暗い闇を三日続かせた。最後にエジプトの初子をすべて殺した。(21)

ついにエジプトを逃れたとき、神は昼は雲の柱、夜は火の柱をもって導いた。葦の海ではモーセが水を分けて進み、追ってきたエジプト軍の上に海を呼び戻して滅ぼした。やがて人々の食料が尽きると天からマナが降った。荒野の試練はなおも続き、カナンの地に達してもなお約束の地へ入ることはできなかった。人々の間に、モーセと主に対する不満の念が拡がった。主は炎の蛇を送って人々を襲わせた。モーセが青銅の蛇を作って旗ざおの先にかけると蛇の災いがやんだ。(22)

やがてモーセはネボ山に登ってイスラエルの民の得た土地を見渡し

ミケランジェロ
《青銅の蛇》
ヴァティカン、
システィナ礼拝堂天井画

ながら死んだ。そこでネボ山に青銅の蛇の絡まる十字架を後に記念として建てたのである。[23]
　この「出エジプト記」から「申命記」までのモーセの物語は異常なことがらばかりか、エジプトの初子を皆殺しにさせるとか、モーセに従ってきた民を互いに殺させるなど、残虐な、またときに不可解なことに満ちている。そこでは最初の奇跡であった蛇に変じた杖以来、蛇の奇跡が繰り返される。
　これは現在はネボ山上に大きな十字架として現代風に造形されているが、ミラノの聖アンブロシウス大聖堂の柱頭などにも描かれている（『世界神話大事典』一〇七頁に写真掲載）。
　モーセの神は火山の神であるといわれる。「昼は雲の柱、夜は火の柱」とは火山以外のものではない。シナイ山に着いたとき、「雷鳴と稲妻と熱い雲が山に臨」んだ。「全山煙に包まれた。主が火の中を山の上に降られた」のである。後、カナンの地をめざして荒れ野を進んでいったとき、人々はその苦しさに耐えかねて、モーセに反抗した。モーセはその首謀者コラほかに命じて香炉を持たせて天幕の外に立たせた。すると、地が割けてみな呑み込まれ、火が噴き出した（「民数記」）。モーセの幕屋はしばしば煙で覆われる。炎の蛇というのも火砕流の隠喩とも見られる。モーセが作った青銅の蛇も「炎の蛇を作れ」といわれて作った。まさに火山の神が火を制御するものとしてモーセを指名したのである。そしてその形が蛇だった。杖に絡まる蛇、あるいは杖が変じた蛇はカドゥケウスである。蛇をもってファラオを脅かし、蛇をもって不信の民を罰する神であり、その蛇は炎の蛇である。エデンの園では知恵の木の実を取るようにそそのかしたのがその蛇であり、人間はその知恵を獲得してエデンの園を追われるとともに、科学技術における進歩の道を進んだのである。その蛇が火を吹いて敵を倒す銃であり、火を噴いて天へ舞い上がるロケットである。

なお、これは新約聖書のほうだが、マリアがイエスを遊ばせていると蛇が近寄ってくる。それをマリアが足で踏んで押さえる絵がある。幼子ヘラクレスにヘラが蛇を送ったところ、幼子がその蛇をつかまえて殺してしまった話もあり、これもよく絵や彫刻に表される。このあたりの蛇は幼子を害する毒蛇である。と同時に、蛇を踏むマリアは異教の誘惑をしりぞける毅然とした強さをあらわしているともいう。マリアが三日月に乗って昇天する絵でも、三日月の下に蛇が描かれていることがある。ヨーロッパの古代の蛇女神の信仰が形を変えてマリア信仰のなかに入り込んでいるのである。

第二章　古代の蛇

1　蛇女神

蛇はエジプトでは、コブラの毒が太陽の激しい暑熱を思わせるものとされ、太陽神のアトリビュートとして使われていた。女神イシスの額に置かれたウラエウスがそれである。が、単に頭上に置かれるだけではなく、ウラエウス自体、あるいはウラエウスの身体の上にイシスの顔を載せたものとしてあらわされた像もあり、後にヨーロッパで広く見られる「蛇女神」の先駆と見られる。

ヨーロッパの蛇女神として有名なのはフランスのメリュジーヌで、下半身が蛇だったという。メリュジーヌ以外にも「マムシの女王」として知られるヴイーヴルの伝承があり、似た形象の人魚型妖精はギリシアからいて、下半身が魚の場合も、それが二股に分かれて絡み合っている形で想像されることが多かった。後代のイギリスでレイミヤとして知られる妖精はギリシアではラミアで、キーツの『レイミア』でも物語はギリシアである。

ギリシア神話はエジプトのような動物神の性格を持たず、人間的な行動をする人文神の世界のように思われているが、実はよく見るとそうでもなく、たとえばゼウスが戦った相手のギガンテース族は蛇だった。その後ゼウスが戦った相手のチューポンも蛇だったし、スキタイ族の始祖といわれる女怪エキドナも少なくとも下半身は蛇だった。そしてラミアはポセイドンの娘ともいわれ、ゼウスに愛された美貌の女王（リビア）だったが、ヘラによって怪物に変えられたという。ほかにもケンタウロス族やハルピュイアなどのように混成怪獣は少なくない。

このうちエキドナはヘラクレスと交わってスキタイ族ほかの始祖となる三人の子を得たとされ、後のヨーロッパ人のうちいくらかの要素はそのエキドナから出ているとも思われる。エキドナはヘラクレスが率いてきた馬を盗んでおり、馬を欲する民族だったと思われる。スキタイ人は騎馬民族である。

石田英一郎のいうように、古代オリエントからギリシアでは水神、海神が馬として想像されていた。馬が水中に入って竜馬になるとも考えられたし、水中に棲む馬がヨーロッパの民間伝承に出てくる。もともとは耕地を耕す牛が豊饒をもたらす水と同一視されていたのが、その肥沃な農耕地帯に攻め入った騎馬民族によって乗っ取られ、水神としての牛が馬に入れ替わったのだともいわれる。ポセイドンも海底で牛を飼っているとも、また、岸に打ち寄せる怒涛は白馬の群れであるともいわれる。牛が馬にすり替わったのはかなり早い時期のようだが、その前に蛇女神がいて、後の騎馬民族文化でも蛇女神が始祖として語られる。蛇と馬が結びついているのである。

一般に蛇は地下、すなわち冥界をあらわすとされ、ゼウスでも蛇の姿であらわされることがある。ペルセポネと蛇の姿で交わったともいい、ゼウス・メイリキオスあるいはゼウス・クトニオスというのはその姿である。

ゼウス・メイリキオス

2　カドゥケウス——ヘルメスの杖

しかし、蛇はヨーロッパではもうひとつ別な機能をあらわしている。特に蛇の絡まるカドゥケウスというものが、ヘルメスの持つ杖で商業の象徴であり、アスクレピオスが持っていれば医学をあらわす。アスクレピオスの娘のヒュギエが蛇を飼っていて、その毒液から薬をつくっていた。蛇が一匹だけ杖にからまっているのが医学の杖で、二匹からまっているのが商業だが、薬学は医学と少しデザインを変えている。産婆もそのヴァリエーションを使う。歯科もデザインとしてはやはり同じもののヴァリエーションである。眼科も同様である。

商業と医学はかつては卑しい職業とされていた[24]。医者は散髪屋が兼ねていたり、神の定めた寿命をかってに変更する反宗教的な技術士とも考えられた。ヘルメスがあらわす商業は商品を仲介して、商品本来の価値以上の価格で流通経費をとって利益をあげることだったが、それは金貸しと同じく、本来の生産とは関係のない余計な営み、むしろ、悪しき営為と見なされていたのである。そもそもヘルメスは本来泥棒の神で、生まれてすぐにアポロンの牛を盗み出したことで知られているのである。牛を盗っても金を払えば泥棒ではない。しかし古代律法社会では貨幣経済が認められていなかったのである。近代ヨーロッパ社会はいうまでもなく貨幣経済と資本主義、それに産業革命によって進展してきた。金融資本や世界貿易システムというヘルメスの業がヨーロッパを支えてきたのである。

なお、ヘルメスはその後、「ヘルメス学」すなわち、オカルト神秘学を指すようにもなった。また「ヘルメス柱」は里程標のようにも使われ、ヘルメスの頭部を載せた角柱の下部から男根を屹立させた造形で各地に作られた。この「ヘルメス柱」の起源はよくわからないが、ピタゴラス教、オルペウス教などと同じ密議宗教のシンボルだったかもしれない。単に里程標として陽石が立てられていたのが、男根を配した神像にかわったとの説もあり、杖の神、すなわち道路、交通の神として、陽石にかわったのだという。またヘルメスは楽器、ことに竪琴の創案者でもあり、アポロンから占いの力も授かったという。さらには冥界と地上を往復するものとして、死者の魂を冥界へ運ぶ役もするといわれる。

ヘルメスの杖に蛇が二匹からまっているのは、ヘルメスが争っている二匹の蛇を杖で分けてやったからだという。あるいは冥界とこの世を往復するヘルメスが冥界をあらわす蛇を杖につけているともいえる。アスクレピオスとその娘ヒュギエのほうは蛇の毒を病気に対する薬として用いたことからきているという。これもあまり説得力のある説明ではないが、生と死の秘密に蛇のように通じているという説明な

医師の印

薬屋の印

ヘルメスの杖

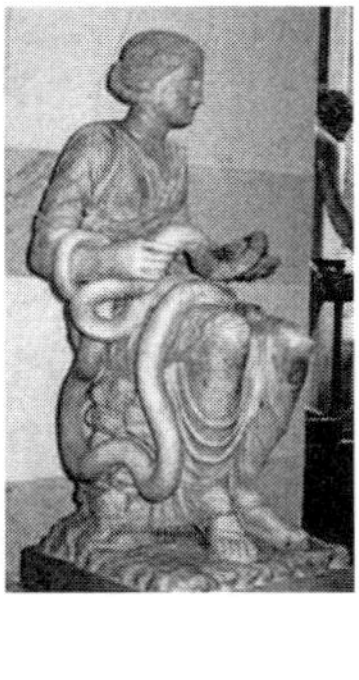
蛇を手にしたヒュギエの像 ローマ時代のコピー エルミタージュ美術館

ら少しはましかもしれない。

ヘルメスの杖で蛇が雄雌であれば、生命の根源の象徴であろう。そういえば、男女の性的交際もフランス語では商業と同じ言葉Commerceであらわす。

そしてその形はまたパリのノートル＝ダムの西正門の上に彫られたエデンの園の知恵の木に蛇がからまった姿をあらわし、同じものをよりダイナミックに描いたものが、ローマのシスティナ礼拝堂のミケランジェロが描いた天地創造図の、同じ知恵の木に蛇が絡まる絵である。ミケランジェロは「蛇状形態《セルペンチナータ》」を推奨した。

また、シャルトルの小円柱には「ネッソスに誘惑されるディアネイラ」とされる彫刻があるが、『世界神話大事典』七七九頁の挿絵から見ると蛇の絡まる柱である。

杖がこれら一連の蛇の絡まる杖に通ずるなら、それは性的な寓意と生死の秘密と冥界の神秘をあらわすとして、やはり死と豊饒のシンボルといっていいだろう。これがヨーロッパの形であり、それをサン＝ピエトロの天蓋柱が継承し、天へ昇る螺旋階段にもあらわれているのである。天、あるいは宇宙のすべてをあらわす十字球（後出211頁）はキリストによって救われるべき世界すべてをあらわすとともに、地上に立てられた十字架をあらわしてもいるのであり、その玉に蛇がからまっている造形もあるのである。これは蛇の絡まるオルペウス教の宇宙卵にも通じる。

3　蛇信仰

イタリアのコクッロの蛇祭りは有名である。ローマから百キロほどのところの人口三百人弱の山村で、毎年

コクッロの蛇祭り

五月第一木曜、聖ドミニコの祭りに無数の蛇を取ってきて、聖人の像にも、参会者の首にもかけて、マムシ除けのまじないにする。この聖人がマムシ毒を退散させたというのだが、本来は蛇女神アンジッチアの祭りで蛇を崇拝したのだという。ギリシアでも蛇を祭る土地があり、その年、聖体拝礼をする少年少女、特に少女のふところに蛇をすべりこませたりする。豊饒儀礼であろう。

公式の宗教では、蛇は忌まわしいものとされる。しかし民間信仰では必ずしもそうではない。また、古代に遡れば遡るほど、蛇は信仰の対象になっていた。医学の神アスクレピオスが蛇を従えているのは、蛇の毒を対症療法に使うからとされるが、知恵の女神アテネが、それもアテネ市のパルテノンにおいて蛇を持ってあらわされているのは、知恵の象徴としてである。

蛇は脱皮をして永遠に生まれ変わると信じられ、地面の隙間からはい出してくるので、地下世界を管轄するものともされた。地下、すなわち冥界であり、また豊饒の源でもあって死と再生を司るのである。

農耕文化においては冬を越した種の芽生えはその地下の蛇神の働きによるとされ、またできた穀物を食べるネズミを駆除する穀蔵の神ともなった。古代社会ではどこでも蛇が崇拝されたのである。

4 地中海世界の蛇

キリスト教以前の地中海世界でも、蛇が信仰されていたことはクレタ島で発見された「蛇女神」の像で明らかである。両手に蛇を持った像で、小さなテラコッタの像がいくつも見つかっている。これは大神殿に祀られた女神像ではないものの、民衆が家庭内の祭壇に飾るような像だったろう。これについては蛇を祀る女祭司だという説と、蛇を制御する女神そのもの、あるいは蛇女神そのものだとする説があるが、その詳細はわからない。文献もなく、信仰を裏付けるそれ以外の出土品も見つかっていないからだ。だが、それがなんらかの蛇信仰にかかわるものであることは間違いないだろう。

フェニキアの植民地カルタゴでは蛇を祀る信仰が国家的な祭式で、戦いに際してはその蛇神に戦の帰趨をうかがった。フロベール描く『サランボー』はその蛇神に仕える女祭司を描いている。中近東では一般に山の女神、あるいは動物たちの主として、豊饒の女神が崇拝されていて、両側に獅子などを従えた姿であらわされたが、たとえばその女神が山を踏まえた像では、頭上に月が輝き、足元には蛇がいる図も見られるのであり、地上の動物たちを支配する女神は、大地の豊饒も保証するものであり、大地や死後の世界は蛇であらわされたのである。

ギリシアでは医学の祖アスクレピオスが蛇神だったが、小アジアのプリギアではゼウスの子のサバジオスがやはり蛇神で、女たちはその豊饒神にあやかるために、胸に黄金の蛇を描いたという。またギリシア一般で、土地の精霊のような存在であるアガトダイモンは蛇としてあらわされた。各家庭では蛇を飼っていて、豊饒を期待して捧げものをしていた。

地中海世界でも、ヘブライでも、そして古ヨーロッパでも蛇女神が信仰されてい

クレタ島の「蛇女神」
イラクリオン考古博物館

た。それが豊饒のみならず、知恵をもあらわすものに、キリスト教とともになっていったのである。つまり、最高の価値が単なる豊饒ではなく、それを生み出すもとである「知恵」であり、それは軽々しく人間に与えられるものではなく、神が「嫉妬深く」守っていて、特に選ばれた民にだけ、ひそかに分け与えられるものとされたのである。あるいは、蛇神を信仰する古代の宗教と蛇を業罰の印とするキリスト教とが蛇の絡まる姿のように絡み合ってヨーロッパ文明をつくっていったのかもしれない。

ヨーロッパの至る所に蛇がいる。ヨーロッパの文化のあらゆるところに蛇の絡まる形が見られるのである。それこそが「悪」としての「知恵」を逆手にとって科学技術という新たな「神」を創造した文化の形である。エデンの園の蛇の絡まる「知恵の木」、二匹の蛇のからまったヘルメスの杖、カドゥケウス、蛇の形でとぐろを巻いた蛇女神メリュジーヌ、その螺旋の形が至る所で、日常生活のなかにも、また聖性の形としてもあらわされている。

第三章 近代の蛇

1 蛇の変容、ヨーロッパという女神

EUがどこまで拡大するのかわからないが、確実なことは、国の名前や分け方が違っても、ヨーロッパという

文化、あるいは精神がギリシアの昔から存在したということであり、ヨーロッパとアジアの戦いといわれたトロイ戦争は単に世界一の美女の争奪戦ではなく、ヨーロッパの理念の擁護の戦いだったということだ。それは政治的にいえばブローデルがいうように議会制民主主義であり、精神的には個人としての人間の無限の可能性の追及だった。現在、ヨーロッパとは何かといったときに思い出される名前はＥＵの国歌ともいえる『第九』のベートーベンであり、『ダ・ヴィンチ・コード』で世の推理小説マニアをひきつけた謎のダ・ヴィンチであり、あるいはシェイクスピアであろう。ギリシアの哲学、ルネサンスの絵画、バッハ以降の西洋近代音楽、これらによってあらわされた人間文化の最高峰は他の何物によっても取って代わることはできないものに違いない。

ヨーロッパという女神の図
ミュンスター『コスモグラフィア』挿絵
1588年

胸のあたりがフランス、ドイツ、左手がデンマーク、王笏についた旗がイギリス、腰のあたりがハンガリー、ポーランド、リトアニア、裾のほうにギリシア、スキチアが見える。

2 蛇の紋章

ヨーロッパをあらわした女神の姿は王冠をかぶり、王笏を手に持ち、もう一方の手で、「十字球」を持っている。王冠、王笏、十字球がヨーロッパの王権の「三つの神器」だが、この王笏や十字球に蛇が絡まることがある。それがおそらく古層の象徴である。この女神の下半身はあらわにはなっていないが、メリュジーヌであれば蛇になっている。裾のほうがスキタイから派生したというスラブ圏である。スラブの祖である蛇女エキドナがひそんでいるかもしれない。あるいはテーバイの町をつくったカドモスとその妃ハルモニアが蛇となっていずくともなく去って行った、その姿もそのあたりに見え隠れするかもしれない。またバルト海のほとりのリトアニアもあまりはっきりとは描かれていないが、その海を支配する「蛇の女王エグレ」も波間に顔をのぞかせるかもしれない。ヨーロッパは至る所に蛇がいる。そして王家や豪族が蛇を紋章にしている。

蛇の紋章の例ではコルベール家やモンロー市などがある。イタリアでは子供を呑み込む竜が紋章に使われ、ビスキオーネ（蛇）と呼ばれる。自動車のアルファ・ロメオのエンブレムにも見られる。もとはこの会社のあったミラノのヴィスコンティ家の紋章だった。ヴィスコンティ家の紋章は竜から吐き出される人間を描いていて、ヴィスコンティ家の始祖が子供を呑もうとする竜を退治して子供を救った話を記念するとも

コルベール家の紋章

ヴィスコンティ家の紋章

フーシェの紋章

いう。あるいはコルキスへ赴いて竜に呑み込まれながら黄金の羊の皮を獲得したイアソンの事跡を踏まえているかもしれない。英雄が一人前になるのに必要な試練だとも見なされる。いずれにしても竜、あるいは巨大魚に呑まれて生まれ変わる英雄の話は各地にあり、それに関係した紋章と思われる。これは蛇というより竜である。

コルベールのほうはただの蛇が三回、とぐろを巻くように身体をくねらせている形だが、「蛇のように聡く」「蛇のように慎重に」といった金言を家言としていたものと思われる。蛇はさらに大事なことを漏らさない口の堅さ、そして脱皮に見られるような永遠の生命をもあらわしていた。重商主義という概念で知られるコルベールだが、ルイ十四世に仕えて国の財政を担い、王の乱費や各国との軋轢の結果としての度重なる戦争の費用を捻出しつつ、なんとか収支を合わせていったのである。出身は織物を扱う商人で、二十一歳のときに、父親に軍隊の経理担当の事務官の職を買ってもらって以来、上役に引き立てられて、だんだんと要職に昇って、やがて、時の大蔵大臣マザランの財政を担当するようになったのが、後にそのマザランのあとをついで大蔵大臣になるきっかけになった。もっとも直接マザランのあとをついだのではなく、あいだにはフーケがいた。国の財政を恣いままにして王を上回る富を蓄積したフーケで、彼が失脚したのを見ていたから、コルベールが「蛇のように慎重に」ことを運ぼうとしたのは当然かもしれない。フーケの失脚はそもそもコルベールが準備したといわれる。フーケが集めた税金は半分しか国家に入っていないという報告書を作成したのはコルベールである。ちなみにフーケも織物で富を得た一家の出で、貴族ではなかった。その紋章はリスを描いている。獅子とか、百合などをあしらった由緒ある貴族の紋章ではない。リスのようにあちこちから富をかすめ取って蓄えたのである。それに対して、マザランやそのあとのリシュリウは枢機卿であり、名門の貴族だった。彼らの紋章には枢機卿の帽子が描かれる。

コルベールが辣腕の宰相であったとすれば、大革命からナポレオンの時代を巧みに生き抜いたジョゼフ・フーシェはそれ以上に抜け目のない策士だった。彼の紋章に蛇と熊が描かれているのはまさに象徴的である。力と策略であろう。

紋章ではないが蛇が象徴的に用いられているもの、あるいは蛇が暗示されているものではコシモの描いたシモネッタ・ヴェスプッチの肖像がある。フィレンツェ一の美女を美しく描いた絵で、首に黒い蛇がからまっているのである。彼女の髪型も蛇のように見える。これはシモネッタが若くして結核で死んだあとの肖像だということで、蛇によって死んだクレオパトラ、あるいは死をあらわしたのだという説もあるが、また、シモネッタの美徳を蛇であらわしたものとも取れなくはない。ボッティチェリも二度、シモネッタの肖像を描いている。こちらでは蛇そのものは描かれないが、髪型や首の周りの紐はいかにも蛇を思わせる。

3 蛇と裸女

蛇をまといつかせていたのはクレオパトラだけではない。アレクサンドロスの母オリンピアの寝床にはいつも大蛇がいたという。蛇がいなく

右：
ピエロ・ディ・コシモ
《シモネッタの肖像》
1505-10年
シャンティイ、
コンデ美術館

左：
ボッティチェリ
《若い女性（シモネッタ）の肖像》1480-85年
フランクフルト、
シュテーデル美術研究所

とも、裸の女性は蛇そのもののように描かれた。妖艶に裸身をひねるヨーロッパの女神たちは蛇である。

北方ゴシックの教会にあらわされたキリスト教の図像では荒野のマグダラの造形で唯一大目に見られた以外、女性の肉体の美は否定され、隠蔽されてきた。聖母は裸にはならないのである。しかしルーヴルでももっとも多くの観光客の視線を集めるのはミロのウェヌスである。女性の肉体の、それも静止した形ではなく、動いているリズミカルな形がヨーロッパの美の典型とされたのである。『千一夜物語』などでも、地上・天上の楽園で裸身を見せる妖精の魅力を語りはするが、その挿絵では、女性の身体はずんどうに描かれる。中国でも、さらには日本でも同じで、着物を着た女の姿態の美しさは描かれても行水美人図などではどうしてもずんどうの「美女」になってしまう。性器の描写は春画では露骨に誇張しておこなわれるが、女性の裸身の美しさの追求では一歩も二歩も遅れるのである[25]。そもそもインドから仏教美術が伝わってきたときも、カジュラホ、コナラクなどにふんだんに描かれた裸身のヤクシャなどの造形にいたるもののもとの形があったはずで、「樹下美人図」などでは女性の裸身が描かれていたのだが、日本に着いたときにはどこかで着物を着せられて、インドの彫刻で強調された胸や尻やくびれた胴は修正され、ずんどうになり、中宮寺の如意輪観音像のような性別不明のほっそりした姿になってくるのである。アフリカやオセアニアでは裸の女神が描かれるが、こちらでは様式化してとがった乳房や突き出した尻で女性であることはわかるものの、写実的な裸身像ではなくなる。写実であり、かつ理想像であり、しかし誇張ではなく、また直立不動の姿ではなく、生

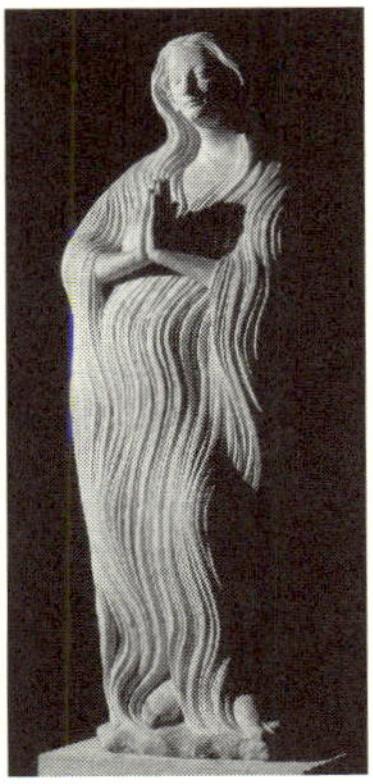
荒野のマグダラ像　一三〇〇年頃
ユール県、エクイス大聖堂

きた女性のリズミカルな肉体の美しさをその優美な動作のなかにとらえたものは、ミロのウェヌス以下、うずくまるウェヌス、サンダルを脱ぐウェヌス、あるいは海から生まれるウェヌス、水から上がるウェヌス、水浴のディアナ、ロンドを踊る三人の美神、あるいは横たわるウェヌス、そしてアングルの《ヴァルパンソンの浴女》や、《泉》や《グランド・オダリスク》まで、ヨーロッパでひたすらその美しさが追求されてきたのである。[26] 裸女の美はヨーロッパでも北方ゴシック教会の美術では否定されており、クラーナハではいささか作り物めいた女神になり、レンブラントでは、どちらかというとグロテスクな写実になった。ルーベンスでは豊満な裸身の美が描かれたが、どちらかというとやはり肉がつき過ぎているという感があるかもしれない。そしてヨーロッパ風の美術が世界共通のものとなった二十世紀にはもはや、ヌードの美の追求はいささか時代遅れになっていた。十九世紀ですら、セザンヌやゴーギャン、ゴッホには裸女は描けず、描いても下手で、マグリットやダリにパロディ的な裸身が描かれるのが

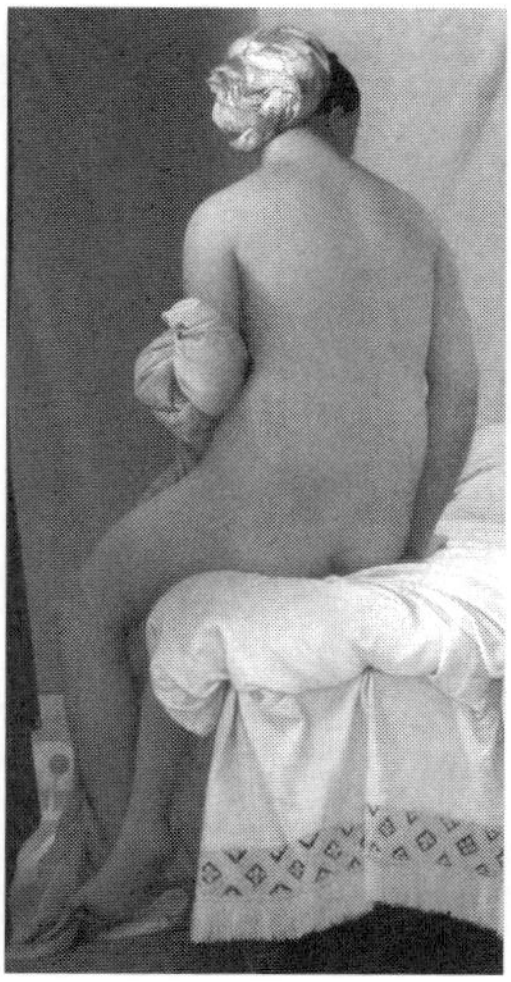

ヨーロッパの「ヌード」の最後だったかもしれない。ギリシアの裸の女神の美しさは二千年のあいだ、その極限の表現を求めてきて、すでに回答が出されているのかもしれない。それは言ってみれば、アルキメデスから始まりレオナルドを経て自動車や飛行機の発明に至ったヨーロッパ科学技術の車両文化の終焉と軌を一にしていた。

ミロのウェヌスのダイナミスムは顔の向きと上がった左肩の方向、すなわち左上方への螺旋形の動きである。腰から下の衣の襞もその方向への回転運動を準備している。ボッティチェリの《ウェヌスの誕生》ももちろんねじれている。右足を軽く持ち上げ、今にも陸へ上がろうとしている。左手は下がり、右手は胸に挙げられ、顔は軽く右へ傾いて目は右上方を向いている。身体としては右足を出すとともに左手を前へ出して、上体を右へねじっている。顔がそのねじれの方向を向いているのである。豊かな髪が描く螺旋がその動きを増幅している。同じボッティチェリの《プリマヴェラ》のほうは三人の美の女神たちがロンドを踊る動きが画面全体に回転運動を与えている。[27] 後の裸女を描いた作品でもドラクロワの《トルコの浴場》など画面は回転運動を示している。その典型はアングルの《ヴァルパンソンの浴女》や《グランド・オダリスク》で、いわゆる「見返り美女」的な姿勢で身体をひねりながら、その美しい背中を見せている。[28] その螺旋形の身体の動きは頭にかぶっているタオル、あるいはターバンの渦巻く形でも強調されている。彼らの描く美女の身体は胴がくびれてヴァイオリン形になっており、マン・レイが描いた、アングルのパロディでは胴にヴァイオリンかチ

右から：

《ミロのウェヌス》
前100年頃　ルーヴル美術館

アングル《ヴァルパンソンの浴女》
1808年　ルーヴル美術館

ボッティチェリ《ウェヌスの誕生》
1485年頃　ウフィッツィ美術館

ェロの模様がつけられている。楽器のモチーフは画面に音楽のリズムがあることを示している。ヨーロッパの女神たちはにぎやかな楽の音とともにあらわれて、信女たちともに踊るのである。エジプトの女神イシスは手で打ち振る楽器シストルムを手にして描かれた。ギリシアではタンバリンを打ち鳴らす女神や巫女たちが描かれる。マンテーニャの描く《パルナッソス》ではオルペウスの奏でる竪琴に合わせてムーサたちが輪になって踊っている。それを見下ろしているウェヌスは裸で、リボンのような薄物を螺旋形に身体にまといつかせている。そこに登場したヘルメスが蛇の絡まる杖、カドゥケウスを持って、全体の回転のリズムを導いている。

楽器を持った女、あるいは楽器そのものである女としてはモローの描く「サロメ」も思い出される。ヘロデ王の前で楽の音に合わせて裸で踊って聖ヨハネの首を求めたのである。モローがサロメの身体にまとわりつかせたアラベスク模様はもちろん彼女の扇情的な踊りのステップ、あるいは回転の様子をあらわしている。モローはまた《レダと白鳥》などで、動物の姿の神と女との交情も描いたが、《レダと白鳥》のモチーフはレオナルドも、ミケランジェロも、コレッジオも描いた。レオナルド

の場合は異様に長い首が曲がりくねってまるで蛇のように見える。女と動物の交情図は、十九世紀末、シュトゥックの描く大蛇を身体に巻きつかせて恍惚とした顔をする女の《官能》にゆきつくだろう。これがエデンの園のエヴァ以来のヨーロッパの女なのだ。

4　渦巻きと十字

蛇はどこでも同じように、とぐろを巻いた渦巻き形であらわされる。渦巻きは蛇である。しかし、ヨーロッパの古代の壺では、この渦巻きが連続し、果てしない混沌をあらわす。

渦がひとつの混沌をあらわす形であるなら、秩序は交差する二本の線、すなわち十字や、四角形であらわされるだろう。ギリシアでも秩序の神殿はアクロポリスのように四角く、愛の神殿は丸い。ところで、円が立体的になって渦を巻き、運動をもって螺旋になるとすれば、十字もまたヨーロッパではじっとしていず回転し、あるいは立体化する。回転する十字は卍、

クレタ島の壺
イラクリオン考古博物館

右から：
マンテーニャ
《パルナッソス》
1495頃-97年
ルーヴル美術館

モロー《出現》1876年
ルーヴル美術館

シュトゥック《官能》
1891年　個人蔵

レオナルドの模写
《レダと白鳥》1504年頃
ボルゲーゼ美術館

すなわちスヴァスチカだが、立体化した十字は「六つの枝の十字」で、すなわち、平面の十字と立面の十字を同時にあらわしたものである。キリストの印である「クリスム」はＰとＸの組み合わせで、キリストをあらわすギリシア文字の最初の二文字だが、これを円で囲んだもので、円の中に六本枝の十字があるように見える。ケルトでよく見られる形はこの「枝」を人の足であらわしたもので、特に六本ではなく、三本の場合が多く、これを図像学ではトリセルあるいはトリスケルと呼ぶ。あるいはバスク十字はまさに卍で丸くなった卍である。いずれにしても動き出す印である。とりわけ走る三本の足であらわされたときは、二本の足以上に素早く目まぐるしく走り出しそうである。三頭の馬を組み合わせたものなどは、きわめて躍動的である。日本の卍は世界中で、スヴァスティカとして存在するといわれるが、日本の卍が巴に展開するのに対し、このケルトのトリスケルの形は示唆的である。似ていても根本において違っている。ケルトの卍は動き出して、渦巻きになり、螺旋になるのである。

　ただここで問題になるのは、「日本の形」でも出てきたことで、縄文の形と弥生の形のどちらを日本の形とするのか、あるいは古墳時代の埴輪にしても、その後の日本の造形の基底にその形があるものなのかということで、つまり、時代が違えば、形も変わってくるのではないかということである。ヨーロッパではインド・ヨーロッパ語族の到着の前に巨石文化があったのであり、またその前にラスコーなどの洞窟文化があ

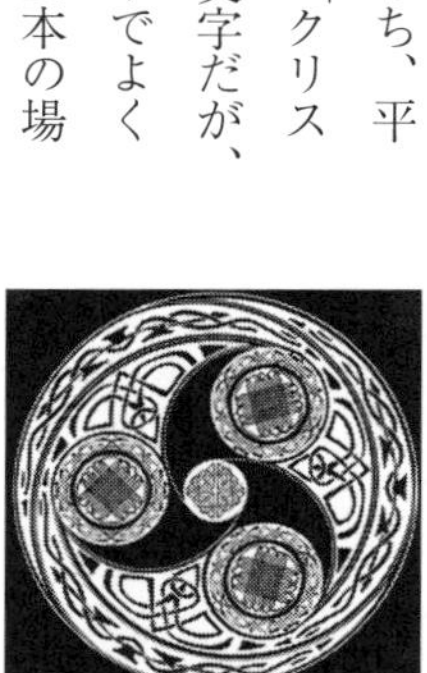

トリケルス

蛇形スヴァスティカ

パリのペールラシェーズ墓地にて

った。ラスコーに描かれた動物の形にその後のヨーロッパの造形の原型を見ることができるかというと、ラスコーの洞窟に野牛の絵を描いた人々は、こんにちのヨーロッパ人とは違う人々ではないかと思われている。ケルト人とローマ人は融合してガロ＝ロマン文化を作り上げ、それはそのままゲルマン人たちにひきつがれた。しかし、洞窟画を描いた人々、そして巨石文化を築いた人々とその後のヨーロッパ人は同じではないのである。アテネのギリシア人はインド・ヨーロッパ語族である。しかし、その前の先史時代の石棒に乳房を描いただけの偶像で女神をあらわしていた人々の文化はアングルの「見返り美人」のヴァイオリン形トルソとは全く違った形を持っていた。はたして「ヨーロッパ」とは、そこにあらわれて、やがて消えていった人々すべてを指すものだろうか。中国では、国も民族も交代しながら、「中国」文化を作り上げてきた。匈奴でもモンゴルでも、いったん中国に入って国と文化を受け継げば、中国になるのである。ヨーロッパでは必ずしもそうはいかない。

5　螺旋、渦巻き、ひねり棒

ヨーロッパの形として、螺旋、それも二重螺旋があるのではないかということを螺旋階段から、そしてベルニーニのひねり柱、さらには知恵の木に絡まる蛇の形から考えた。木に蛇が絡まる形は中心柱方式の螺旋階段でも、ひねり柱に螺旋の溝を刻んだソロモン柱でも、あるいは木ネジでも認められ、それは栓抜きの形にもなった。いずれも木に蛇が絡まるとも、三角を巻いていった形とも言えるが、それとしめ縄のような形や三つ編みの髪などの形は違うように思われる。知恵の木に絡まる蛇でも一本の幹に一匹の蛇がからまったもの、つまり「アスクレピオスのカドゥケウス」と、二匹の蛇がからまった「ヘルメスの杖」型のものがあって、ミケランジェロの蛇はどうやら二本の足が二匹の蛇になった形である。チボリのエステ荘の「オルガンの噴水」（一六三頁）の上部に置かれた人像柱の「メリュジーヌ」も二本足タイプである。そもそも「メリュジーヌ」でも蛇女型と人魚型、そして二本足型と一本足型があるのである。ねじりドーナツは二本足型で、ひねりパスタは一本足型であろう。教会の鐘塔がねじれている「ひねり塔」があるが、これも一本足型、あるいは木ネジ型であろう。

それと少し違うようではあるが、コイルスプリング、あるいはコイルがある。頭髪やかつらでも、三つ編みの髪型ではなく、ウエーヴをかけたカールがある。はてしなく渦を巻いた形はレオナルドの水の素描にも見られる。つまり大洪水的な、秩序を逸脱した混乱の形としての無限の渦巻きである。渦巻きは一回、くるっと巻いただけでも、どんどんその動きが進んでいって果てしない渦巻きになることが想像される。円の上の回転運動には終わりがないのである。螺旋階段も上から見下ろせば、あるいは下から見上げても同じだが、渦巻きに見える。螺旋を平面に投影すれば渦巻きになるのである。となると、螺旋階段やサン＝ピエトロのねじり柱ほどの衝撃力はないかもしれないが、ケルトの墓石に見られる渦巻き[29]、あるいは家具の支部の装飾などに使われる渦巻き、これを英語、フランス語でヴォリュートといい、イタリア語ではヴォルータ、起源はイ

建築の細部に見られる
ヴォリュート模様

水の渦巻きを描いたレオナルド・
ダ・ヴィンチのデッサン《大洪水》
ウィンザー城王室図書館

オニア式柱頭とも言われるが、要するに直角の構造部に入れる斜めのはすかいの類で、それを円形の渦巻きであらわしたものがヨーロッパの建築の細部装飾や家具に頻繁に用いられる。杖の上部が渦巻きになったものは司教杖である。ヴァイオリンの頭部の渦巻きも装飾的なものである。これら渦巻き模様は鋳鉄の手すりなどでは唐草模様に展開する。あるいはロココの波模様にも連なるだろう。これはイオニア式柱頭に見られるように二つの巻物のように組み合わされることが多く、あるいは、そのような「巻物文化」に連なるのかもしれない。あるいは絵の世界ではゴッホの《星月夜》の渦を巻く天体である。合理的機械文明であるヨーロッパで、何でもないところに、意味のない渦巻きが付け足される。それをねじり柱の延長として考えてみる。遊びなのか、過剰なのか、蛇の尻尾のように余計なものなのか、あるいはゴッホの世界に見られるように、狂い出す精神の風景なのか、漱石が「あらゆるものがぐるぐると回り出す」と『それから』の終わらない結末で世界を幻視したときは、多分にそれに近かった。[30] 確かに漱石のころのヨーロッパにはこの種のヴォリュート模様が至る所に見られた。今ではずっと直線的になって、新しい建築や家具で、この渦巻きをあらわしたものはめったにない。

ゴッホ《星月夜》1889年
ニューヨーク近代美術館

第三部　衣食住の形

文化を衣食住で律するというのも考えてみれば不思議なことかもしれない。人はまず食料を確保するために狩猟あるいは農耕をおこなったので、労働の形こそ文化の形だというかもしれないし、人が集まって協議するところから社会的動物としての人間の営みが始まったのなら、集合と話し合いの形式、すなわち政治の形こそ人間の形だというかもしれない。ヨーロッパ文化を議会制民主主義の文化だとブローデルのように主張するところから、その議会制民主主義特有の形としての円形議場を第一部では取り上げもした。これはヨーロッパの大学の円形講義室などにもつながっており、人々の議論が円形の議場で渦を巻くのである。これは「住まい」の章でも触れられるが、さらにギリシアの密集歩兵集団に見るような「戦いの形」となると、衣食住には入りそうにない。戦の形はその後、騎兵戦になり、また海上では、三段櫂船から大砲を積んだ三本マストの戦艦にかわった。

人間という動物は単に食べて寝るだけのものではなく、政治、法律、軍事などにおいて特有の形を形成しながら発展してきたものだというなら、制度や発想法の形を考えなければならないともいえるのである。しかし、それはまた、何らかの形で衣食住にあらわれているのだという考えもあり、住まいにしても着るものにしても、自然条件に対する保護の装置としてだけではなく、敵から体や財産を守る軍事的な機能を持った装置としての意味も無視できないともいえるのである。またそれだけではなく、社会的機能を表示する看板としての機能もあり、散髪屋のねじり棒のように、表示機能以外の何ものでもないものもあるのである[31]。生活の形は、おのずから軍事・防衛の機能や、社会的役割の表示機能などをもって定まってくるのだともいえるし、議会や行政府の建物は住まいの一部であるともいわれるだろう。食の形としても、最後の晩餐の絵に見るように、座り方にも料理の出しかたにも社会的、宗教的な順序があるのだともいえる。宗教でも政治でも軍事でも生産でもいずれも衣食住のどれかに関係してくるには違いない。

さらに、衣食住の切実な要求からは幾分逸脱したもの、生活が安定した後の余暇や芸術の形も問われるべきで、「形」というと、まずは造形美術の形が思い浮かべられるのである[32]。しかしデュメジルの三機能説は、後の遊びや文化創造の領域をカバーしていないようにも思われる。衣食住の文化がそもそも、必要を満たすだけのものより、趣味的、遊興的、奢侈的な方向を向いているのである。生きるために食べ物を探し、みつかったものをその場でむさぼり喰うだけの行為なら、食の形など生まれてこないのである。必要以上に食べ、食べること以外の目的で食べ、食べることの楽しみや独自性を追求するものが文化であり、それがそれぞれの地域の文化の形をつくってゆくのであり、そのような余計な「文化性」こそがヨーロッパの特徴でもあるとするなら、遊びや、スポーツや、あるいは商業文化の形こそ考えなければならないかもしれない。広告、看板、ネオンサインといったものも、商業文化が発達していない時代、地域では存在すらしなかったのである。今でも田舎や、あるいはモンゴルの草原のようなところから大都会へでてゆくと広告の氾濫に圧倒される。

どんな文化でも「遊び」はある。しかし、特に近代ヨーロッパは「遊び」、「スポーツ」、「商業文化」の栄えたところであり、それが衣食住の基本的要求を満たす以上の文化価値を生み出してきたのである。たとえばシベリアやオセアニアなどと比べれば、欧米文化とはまさに広告や遊興施設の氾濫する商業文化である。商業活動がそもそも原始的な社会では存在しないが、ヨーロッパでも中世ではまだ商店は少なかった。肉屋もなく、パンも自家の竈で焼いていたから存在しなかった。商業活動が始まっても、それは都市部に限定されていた。都市の狭い通りに商品や仕事の内容をあらわした鋳物製の看板を突きだして様々な職業の店が軒を並べるようになったのはルネサンス以後である。これはアラビアでも中国でもほぼ同じであったろう。ただ、この鋳物製の看板はヨーロッパ独自のものだった。そして同時にユダヤ人を中心にした金融システムが普及し、商業の発展を支えることになる。ルネサンスの立役者であったフィレンツェのメディチ家が金融業をやっていたことが象徴的である。ただし金貸しの看板はあまり見られない。

葬祭、婚礼、成人式などは非商業文化でも盛大に行われる。しかしヨーロッパでは、それらの本来の宗教的な意味はむしろ隠蔽され、商業的な形が追求される。ウェディングケーキなどは、実はどこにもないものを西欧風風俗として日本で発展させたきらいがあるが、これは日本以外でも決して宗教的な意味は持たず、といって、食事文化でもなく、遊興的な祭りであり、あるいは商業文化なのである。

衣食住という基本的な生活の必要、祭式、軍事、生産というデュメジル的基本機能、それらのほかにチェスなどの遊びがあり、見るものでもあるスポーツがあり、いらないものを買わせようという商業戦略がある。町を歩くと、メガネ屋があり、携帯電話ショップがあり、銀行があり、ファーストフード店があり、レンタルビデオ屋がありというなんでもない町の風景が、もちろん江戸にはそれらがひとつもなかったし、今でも山の中へいけばほとんどそんなものにはお目にかからない。そして商業文化が進んでいない国では、ある時期まではそれらがまさに「ヨーロッパ」の象徴でさえあったかもしれないのである。

第一章　ヨーロッパの衣装

ヨーロッパは地中海文化であるともいい、また北方の寒冷地の文化であるともいう。衣類についていえば、ギリシア・ローマの地中海風土に合わせた短い衣装に対して、北方の寒冷地に適合した裾の長い、かつ密閉式の衣服文化がある。ヨーロッパはその二つの混合である。男性はギリシアではオリンピック競技などでは全裸であり、戦争では短いスカートのようなものをはいていたが、北方では早くからズボン式のものが主流だった。女性についていては地中海でも早くから裾の長い衣服が発達し、これは北方でも同じだった。行動的なもんぺのようなものは発達しなかった。素材は羊毛が中心で、そのほかに皮革が用いられ、絹や木綿はだいぶあとになってから導入されたが、麻はエジプトでも使われていた。木質繊維や藁はヨーロッパでは蓑の形でも藁靴の形でも使われなかった。一方、ボタンや金属は早くから多用されて、衣類に金属を使わない文化とははっきりと違った形をあらわしていた。左右を合わせて、紐で縛る和服の系統の衣服はあまり発達しなかった。ただし、紐としてはコルセットがあり、これはまさに紐で縛りあげたのである。といってもふつうは両脇をはしご状に編みあげて締めたが、そのはしご状の紐を渦巻きをあらわす言葉でヴォリュートと言った。

1 あらわす文化

すでに見たように、ヨーロッパの衣装文化の特徴は「見せる」ことと「あらわすこと」だった。しかし、特に女性のファッションくらい時代によって異なるものはない。古代はインドのサリーのように長い布を身体にぐるぐると巻き付けるのが基本で、ギリシアではヒマティオンといい、ローマでは男性はトーガ、あるいはトールニカで、女性はストーラとパルラだったが、ここまでは要するに身体に巻き付けた長い布だった。ゲルマンでも最初は長いマントルで、ただ、これは肩から垂らすもので、身体に巻き付けはしなかった。その後、だんだんとウエストで絞るものが多くなり、裾を長くひきずるようになっていった。その女性ファッションが宮廷風俗では首にレース飾りをつけ、胴を絞って、裾を三角に開く形になり、後に、十九世紀のヨーロッパファッションになる。そこでは女性は胸と尻を強調してふくらませ（クリノリン）、あるいは肩や背中といったそれに隣接する部分をぎりぎりまで露出して（デコルテ）魅力をあらわした。バルザックの描く『谷間の百合』の主人公はとある夜会でモルソーフ夫人の裸の肩を見て、思わずそこに口づけをした。貞淑で自己主張の少ない夫人でありながら、当時の夜会では胸から上は露出したデコルテが正装だったので、意図せずにその身体の美しさをあらわし、青年を誘惑してしまったのである。現代のミニスカートなども、「おおう」よりは「あらわす」もので、あらわになった太ももに男たちの視線が吸い寄せられていっても仕方がないのである。もっとも太ももなどというものは、常時、人目にさらしていれば、別にたいして感興をそそるようなものではなく、それを見せるでもなく、隠すでもなく、ちらちらと見せているあいだだけ、男性の視線を引き寄せるのであり、その「ちらちら」というのが、「あらわす」テクニックなのである。

男性でもズボンの前開きの部分を開閉式の袋にして、これ見よがしにぶら下げていたものをブラゲット（英語ではcodpiece）といって、中世から十七世紀までの肌に密着した短ズボンでは、その部分だけ盛り上がって見えたものだが、これも男性器を強調するのではなくとも、少なくともそれを隠すものではなかった。[33] そして一般に男性は肩をいからした形を強調して逆三角形にし、中世のスタイルではボトムは太ももまでのズロースのようなもので、その下は靴下だけだった。[34] 一方、女性は長い裾をひきずって三角形にし、さらにそれを強調するように、長く尖った円錐形のエナン帽をかぶった。胸や尻の形をあらわにする以上に、女性性、男性性を上向き、下向きの三角形で図像的にあらわしたの

右：
19世紀のデコルテ
ノヴェッロ《クララの肖像》
1833年
ロンドン・ナショナル・ポートレート・ギャラリー

左：
16世紀のブラゲット
ジョルジョーネ《世界の終末》
1500年頃
オルヴィエーの壁画部分

である。それはどんなに遠くからでも男性は男性、女性は女性と一目でわかる形だった。その形はホルバイン描くヘンリー八世像などに典型的に見られよう。今日、トイレの印などで、下向きと上向きの三角形で男女をあらわすのは、このあたりの図像的伝統からきているかもしれない。下向きの三角は肩をいからせた形、上向きの三角はスカートの形である。三角形のスカート、それも長く裾をひきずったものや、パニエを入れてふくらませたものは、ヨーロッパだけにしかないものだったが、今はタイトスカートにしろ、ミニスカートでも、あまり裾が広がった形は見られず、またかなりの女性がパンタロンやジーンズをはいているので、この印は記号としても時代に合わないかもしれない。肩をいからせた男性の形は日本でも昔の裃などではその通りだったし、今でも大部分の背広は肩幅を少なくとも女性のスーツよりは大きくとって、かなり強調したものになっているが、女性の服装は和服のように直線的なものは例外としても、チャイナドレスでもそれほど裾は広がらない。腰巻が使われる地方でも三角形になる裾の形は珍しく、本家のヨーロッパでもそのようなローブはめったに見られないとすると、この形は女性とはこんなものとして刷り込まれてしまった形

ではあっても現実には合致しないかもしれない。しかしバレエなどではどんなに短くなっても裾の広がったスカートをひるがえして踊るのであり、舞踏一般がヨーロッパではくるくると旋回するもので、その際、スカートがひるがえって時にはふくらはぎや太ももまでが露出するのが、まさに「ヨーロッパ」だった。その形を現代のデザイナーは螺旋のイメージで描き出す。

2 帽子、髪型、かつら

ヨーロッパ中世の宮廷では、婦人たちがするどく尖った円錐形の帽子をかぶっていた。このエナン帽をマリオ・プラーツはゴシックの尖塔の形に比較したが、[35] 男がかぶるときは、顔をかくす覆面になった。異端審問の図や、中世の首切り役人の服装で見られる。単なる覆面ならアラビアのチャドルのようなもっと目立たないものでもよさそうである。それを三十センチくらいの円錐形の帽子にしているのは、目立たせるため以外の何ものでもない。[36] 最近もっとよく目にするものでは、アニメなどで「魔女」をあらわすときにかぶせられる帽子がこの円錐帽であろう。かつての大学紛争で反動教授をつかまえて三角帽をかぶせて自己批判させたのはもう昔話になったし、どういう起源だったかも今となってはわからない。

宮廷婦人のエナン帽はこのとんがり帽子にベールがつくのだが、それが舞踏会になれば踊り手の旋回にあわせて渦を巻く。帽子自体に螺旋のリボンをつけたものもあるが、単にてっぺんからベールを吹流しのように垂らしたものでも、踊り出せば、螺旋になる。この三角帽子は実はひね

右：
ホルバイン《ヘンリー8世の肖像》1537年頃
ロンドン・ナショナル・ポートレート・ギャラリー
左：
ドガ《アラベスクの幕切れ》1877年頃
オルセー美術館

り塔なのである。ヨーロッパ各地には教会の鐘塔で、ひねりをきかしたものがある。尖った塔が天へ向かってそびえたつときに、より運動量を少なく、確実に天へ向かって上昇するようにネジを刻んでいるのである。尖った三角帽子だけでも異様だが、それがねじれていれば一層目を引く。しかし、「回転」や「螺旋」を基本とする西欧文明ではネジを刻んだ三角錐は機械技術の基本なのである。

この三角帽のついた覆面、あるいはケープはヨーロッパ人にとっても異様なものだが、スペインでは教会の祭りの度にそれぞれの聖人を讃える団体、あるいは町内会のようなものが揃いのこの覆面をして行進をし、聖母像をかついで回ったりする。日本でも祇園祭や高山祭りで山車を町内会ごとに競って練り歩くのと同じようなものだが、服装は法被くらいで、特に奇をてらうものではない。しかし、スペインではこれが伝統で、どうやら、アメリカのＫＫＫもこれを真似したものらしい。そもそも修道会ではみな頭巾のついたケープをまとっているが、このように尖った三角頭巾はむしろ祭りの風俗である。

下の写真はペルピニャンだが、この種の三角帽をかぶるのは、一般にカタロニアの伝統で、聖週間のあとの（あるいは聖金曜日）「ミステリス」の行事である。この講の仲間を「サンシュの同朋」という。

ベールのついた十四世紀のエナン帽

ペルピニャン

祭りが終われば、人びとはまた商売や生産に精を出した。工場では機械装置の歯車が回り出す。家庭では糸つむぎのつむぎ車が回転する。製品を載せて馬車が大きな車輪をつけた車をひいて行き交った。すべてが回転するのだった。

コックの円筒帽は、髪を押さえるという機能は果たしているのに対し、魔女の円錐帽にはいかなる機能的意味もない。本来は宮廷婦人の被り物で、この先端からレースなどを垂らしたが、この尖塔形円錐帽は、つまりは螺旋階段を配した天へ昇る塔なのである。

ヨーロッパ婦人の被り物はおそらく世界に類例がないほど多様で、かつ造形的である。東南アジアの女性の農作業の藁笠、日本の市目笠、あるいはイヌイトの防寒帽などを除けば、そもそも女性の被り物というのが世界では珍しい。ことに室内での被り物はヨーロッパだけといってもいい。それも、これでもか、これでもかというように奇をてらったもの、鳥や蝶をかたどったものなどになると、ヨーロッパ文化というのは、「見せる」文化なのだろうと思わせられる。

この被り物の風俗の起源はエジプトの女神たちが頭上にアトリビュートとしての日輪とか、隼、あるいはコブラなどをつけてあらわされたことからくるのかもしれないが、それと関係があろうとも思われるギリシアの女神像で、頭上に塔や椅子を載せたものなどがあるのを見ると、あまり宗教的なものではないようにも思われる。これはその女神がどこかの町の守護神であれば、その町をあらわす城塔を頭上に載せたのだし、王権の庇護神であれば、玉座をあらわす椅子を載せたので、宗教性より、表示性を持ったものだろう。月の女神アルテミスは黄金の三日月を額に載せてあらわされたが、これは名札をつける代わりのようなもので、これが月の女神だということを示すだけのものである。それに対してエジプトの女神イシスはウラエウス、すなわちコブラを額につけていたが、これはひとつには日輪を取り巻くコブラで、太陽の激しい熱をあらわすものであり、太陽神ラーの一族をあらわす印でもあったが、またイシスの神話で彼女が蛇を粘土でつくってラーを襲わせたりするところから知られるように、コブラを使う蛇女神でもあり、テラコッタ像などでは、コブラの身体の上に人間の頭を載せたイシス像もあるのである。イシスがすなわち蛇そのものであるという神話は知られていないが、庶民は彼女を人の生死を司るコブラとして崇拝していた。コブラをつくってラーの生命をおびやかし、夫のオシリスが殺されれば、それを生き返らせる。蛇自体、脱皮をして永遠に生き続けると信じられており、生死を司る魔術的な女神イシスは蛇としてあがめられたのである。もちろん日本でも馬頭観音が頭上に馬の頭を載せたりしているのと同じ、神像がその機能をあらわす印であるが、またときには神がその動物そのものであることもあり、エジプトの場合は、動物象徴は神の持物やアトリビュートだけではなく、アピスは牛であり、トートはマントヒヒだったのである。イシスの場合はコブラを額につけた女神でもあり、また蛇そのものでもあった[(37)]。

なお、ここでも日本ではおこそ頭巾など、顔を隠す機能を持った頭巾が多かったのに対し、ヨーロッパでは名前や性格をあらわす被り物があったのである[(38)]。

イシス女神　前一二五〇年頃
テーベ、王妃の谷の墓壁画

一概にヨーロッパ人といっても色々だが、おおむね金髪でも栗色でもやわらかく細い髪が軽くウエーブをしている人が多い。そのウエーブを鏝で強調してくるくると巻いて顔の両側にたらす形が十九世紀中頃にフランスで流行ったが、日本の平安時代の宮廷の女房たちが長い黒髪をまっすぐに伸ばして床に垂れるくらいにしていたものと比べると、ヨーロッパ女性の髪型は昔から巻き髪で、螺旋形にするか、でなければ、三つ編みにして、それを頭の周りに巻くことが多かった。(39) 特にロココ時代は巻き髪の時代だった。マリオ・プラーツは「螺旋なして巻く巻毛こそ、ロココの世紀全体の精髄」を語るという。

それと関係があるかどうかこれはわからないが、ヨーロッパの宮廷婦人はよく色々なものの形をかたどった被り物をかぶっていた。被り物でなければ髪を高くゆいあげて、そこに船とか塔などの形を造形することがヴェルサイユあたりの宮廷の遊楽で流行った。(40) この頃は太陽王といわれたルイ十四世の方も太陽の印を頭につけてヴェルサイユの宮廷劇場の舞台や舞踏会にあらわれたりしたのである。この遊戯的な髪型造形は本来軽くウエーブするヨーロッパ人の髪をウエーブを強調しながら造形したもので、日本人の直毛でも、アフリカ人の縮れ毛でもむずかしいものだった。これも、後には鏝でカール

右から：
レオナルド
《レダ》のためのデッサン
アメリカの独立戦争勝利を記念した髪型　1770年代
バレエの衣裳を着けたルイ14世

させることが流行り、顔の両側にカールした巻き髪をいくつも垂らしたり、額に疑問符形の巻き髪を垂らしたりするのが流行った。要するに螺旋の巻き髪であり、後に日本に上陸すると「電髪」となった。「マカロン」などという髪型は羊の角のような輪を髪でつくって耳をおおうものだった(41)。コシモの描いた《シモネッタ・ヴェスプッチの肖像》(86頁)でも、蛇のような髪型が目を引く。髪を編んで後ろでまとめているのだが、それをさらにスカーフでくるんでおり、そのスカーフの模様がまるで蛇の縞模様のように見える。基本的には三つ編みにした髪を頭に巻き付けるもので、今ではウクライナあたりの女性の髪型に見られる。今日の有名な女性政治家でそのような髪型の人物がいる。その地方の民族的な髪型というが、ギリシア以来、よく見られた髪型で、ローマでもあり、ルネサンスでも見られたものだ。三つ編みは日本の少女たちもするが、もちろん明治以後のことだし、大人はあまりしないようだ。巻き髪にしても三つ編みにしても、もともと髪に軽いウエーブがかかっていて、さらに髪がやわらかく細いので、自由自在に造形ができ、編んだり、巻いたりして、頭の上に様々な渦巻きをつくるのが、ヨーロッパの髪型だった。かつらは日本でも中国でもあり、元禄頃は奇抜なかつらも見られたが、ヨーロッパの巻き髪をもとにした造形には及ばなかった。あえていえば、丸まげを二つ並べる形は中宮寺の如意輪観音で馴染みだし、「竜宮の乙姫の髪型」でもあり、中国の風習のようだが、これはヨーロッパには見られない。しかし一般に婦人の帽子や、髪型に奇抜な趣向をこらすのはヨーロッパ独特のもので、ほかの地域では女性は髪を人目にさらしてはいけないところもあり(42)、あるいは頭も顔もすっぽり覆い隠すところもあるのに対し、ヨーロッパのファッションはまず頭についても「あらわす」ものであったことは間違いない(43)。

アテネのアルカイックスマイルを浮かべた「女性着衣立像《コレー》」では顔の左右に螺旋形に巻いた髪を四本ずつ垂

らしているが、これは巻き髪なのか、三つ編みなのか判然とはしないものの、見たところは髪が螺旋を巻いている。これはデルフォイ出土の「双子像」などでも、こちらは青年だが、やはり同じような細い巻き髪が何本も垂れている。アッティカ出土の「男性裸体立像《クーロス》」では、巻き髪を十本ほど垂らしている。これは前六世紀半まで模倣された定式表現だという。このころはアンフォラの赤絵でもたとえば、「ディオニュソスとマイナスたち」では同じように細い巻き髪を二、三十本編んで垂らしたような髪型が描かれる。このころは男女とも巻き髪を何本にも束ねて垂らすのが流行っていたのかもしれないが、馬の鬣や尻尾も同じような表現をされているのを見ると表現様式であったかもしれない。イオニア式柱頭などと同じような形式とも見られなくはない。その後、太い三つ編みで頭部を巻く形が流行ったようで、それが今日、南スラブやウクライナなどの女性の伝統的髪型になっている。三つ編みでもカールした巻き髪でも、要するに髪を螺旋形に造形して頭の周りに回し、残りを肩に垂らしたのである。

この髪型はだいたいクラシック期になると少なくなるが、《バルベリーニの哀願する女》ではアクロポリスの蛇のアテナ像と同じ額の周りに小蛇が渦巻くような造形が見られる。またフェイデアス作といわれる《アポロン像》でもうなじに巻き髪が垂れており、ベルリンにあるタラント出土の《玉座に座る女神》でも左右に三本

右：
アクロポリスのコレー
アテネ、アクロポリス美術館
左：
ニューヨークのクーロス
メトロポリタン美術館

ずつ巻き髪が垂れている。ローマになるとこの髪型はもう見られないが、その代わりに貴族階級の貴婦人の髪型として奇抜なものが出てくる。ティトス帝時代の作とされるローマのカンピドリオ博物館にあるサビーナ皇后の姉ともいわれる婦人像で、顔の寸法の倍ほども高くこしらえた髪が後の法官のかつらのようにすべてくるくるとカールされているものが見られる。

　これで思い出されるのは男性用のかつらで、今でもイギリスでは法官が法廷でかぶっているようだが、十七世紀、十八世紀のヨーロッパの宮廷の礼装であり、法官もかぶったが、バッハの肖像などを見ると音楽家も礼装としてかつらをかぶっていたことが知られる。

　ルイ十四世の髪型は自然の髪であるともいうが、一般にフルボトムと呼ばれる多段カールの髪型あるいはかつらで、頭全体が渦を巻くのである。ハプスブルク家のウィーンからヴェルサイユまでの絶対王政を王制期のヨーロッパの絶頂と見れば、当時のヨーロッパ全域に広まっていた男女の髪型の渦巻き形造形はまさしくヨーロッパのものといってもよかった。

　かつらはエジプトにはじまるというが、フルボトムなどはかぶっていると暑くて汗をかき、北国でなければ具合が悪かった。エジプトでかつらが生まれたのはむしろ暑熱よけで、特に剃った頭を保護するためだったという。フランスではルイ十三

右：
《バルベリーニの哀願する女》
（ローマ時代のコピー）
ルーヴル美術館
左：
フェイディアス
《カッセルのアポロン》
（ローマ時代のコピー）
カッセル国立美術館

世がその風俗を普及させたというが、肩までおおうもので、巻き髪のために伸ばすと長い髪が必要で、いい材料はなかなか手に入らず、制作にも手間がかかるぜいたく品でこれを購入できるものは限られていた。むしろ、そのぜいたくを誇示する意味で流行ったものと思われる。好まれた色はプラチナブロンドか白で、後に白い髪粉をかけて白髪ふうにすることが流行ったが、これは老人の知恵を尊重し、それにあやかるためのものだった。いずれにしても、ヨーロッパ特有のもので、その形は頭頂から肩までびっしりとカールさせるものだった。自然の頭髪でもすべての毛を縮らせてカールするにはこれまた大変な手間がかかった。いずれにしても、頭全体をカールさせて、渦巻き頭にしたのである。

かつらは男性だけではなく、女性用もあったが、これはあまりそれらしくないもので、かつらをつけているかどうかは外見からは判断できなかった。ただ、かつらか、自然毛かは問わず、頭の上に巻き髪の船を載せるとか、鳥や蝶がとまる花園をつくるといったことは、レースの渦巻きの上に人工髪の渦巻きのかつらを載せることとともにロココ趣味というかどうかはともかく、異様であったことは間違いなく、それが全ヨーロッパに広まっていたものであることも確かだった。ロシアでもエカテリーナ女帝のころの宮廷では廷臣たちがかつらをつけている。これを「ヨーロッ

右：
ハウスマン
《バッハの肖像》
1746年
左：
17世紀男性のかつら

パ風」として近代的であると思ったのだ。かつらをつけないのは「ロシア風」で、遅れていると見なされたに違いない。もっとも実際はヨーロッパの宮廷でかつらが流行っていたのはヴェルサイユ時代で十七世紀から十八世紀までである。フランス革命の前夜にはもうかつらをつけているものはなかった。

この巻き髪かつらの延長のようにも見える襟飾りは後にはシンプルなネクタイに変わるが、これもなお、世界に類のない装飾だった。その発生には大型のかつらの流行が関係していたというのが『服飾事典』の説明だが、かつらが大きくなって、大きな襟が使えなくなって、代わりにスカーフのようなものを巻いたのだという。最初はやはりレースが波を打つものだったが、だんだんと細くなっていったらしい。これが十九世紀のディレクトワール期には再び、長い布をぐるぐると首の周りに巻き付けるようになり、要するに首をぐるぐる巻きするものだが、ネックウォーマーとしての実用的な意味より、まさにかつらと同じ装飾的意味のほうが大きかった。ちなみにそれ以前のレース飾りは「フレーズ」あるいは「ラフ」といい、この変種では蝶の羽のようなレースを何枚も顔の左右に配した「ファンカラー」などというものもあった。これは婦人用だが、男性用でも襟周り、胸元、袖口などにひらひらの飾りをつけることが多かった。襟にしても、そもそもがこの「カラー」というものが特殊なもので、これもヨーロッパの発明といってもよかった。「ロベスピエールカラー」などという手の込んだものもあった。こんなものを体の周りに巻きつける趣味はヨーロッパ以外に見られなかったのである。さらに肩章と称して斜めに掛けるたすき状の階級章など、ヨーロッパの服飾は様々なアクセサリーを工夫し

ロベスピエールカラー
《ロベスピエールの肖像》
カルナバレ美術館

て複雑になっていった。そしてつねにそこにあらわれていたものは布を身体や頭に巻き付けることで、インドのサリーの思い出といってもよかった。ディアード・ルックと称して、あたかもサマラのミナレットのように螺旋形に布を巻いたドレスも考案されたのである。(44)

3　輪舞

ヨーロッパの踊りは世紀末のウィーンのウインナ・ワルツをその典型とするような回転舞踏だった。しかし、輪舞《ロンド》は人類共通の本能的な文化の形だったようで、どこでも人々は輪になって踊った。日本の盆踊りでもその点、違いはないと、これは千田稔も言うのだが、ただ、どちらかというと、日本では「小原風の盆」などのように、まっすぐ道路を歩いてゆく踊りもあり、舞台で踊る場合は、その舞台の形に合わせて四角くも丸くもなった。必ずしも、人々が手と手をつないでまるくなって踊るわけではなく、まして、男女が抱き合って回転するものではなかった。その点、ヨーロッパは、古代の舞踊を見ても、たとえば、バッコス祭の狂乱の踊りもそうだし、ルネサンスの絵画に頻繁に描かれる美神のロンドなどもそうで、たとえばアフリカの村の踊りのように、村人が総出で輪になって踊るようなものであるより、美神であれば三人が、しかし、手を取り合って踊り、かつ、回転した。マンテーニャの描く《パルナッソス》（90頁）では九人のムーサが輪になって踊るが、プッサンの描く《人生の輪舞》では四人の踊りであり、季節の女神たちホーライの踊りであれば三人だった。もっとも有名なのはボッティチェリの《プリマヴェラ》で、三人の美神《カリス》たちが手に手を取って、踊っている。しかし、これは右端に西風ゼピュロスがいて、左端にヘルメスが天空の雲間を指示しているのを見ると、もっと大気圏的、あるいは宇宙的規

ボッティチェリ《プリマヴェラ》1477年頃　ウフィッツィ美術館

プッサン《人生の輪舞》1638-39年頃　ロンドン、ウォーレス・コレクション

模の循環をあらわした絵かもしれない。ロンドを踊る女神は美神であるとともに季節の女神ホーライであるかもしれず、確かにゼピュロスにつかまえられたニンフはフローラに変身しようとしており、フローラ同様、花の衣を着た女神にすがろうとしているが、その女神はふつうホーライであるとされる。そのホーライが三体になってそこで季節の踊りを踊っているとも見られるのである。その場合は、季節だけではなく、時間をあらわしてもいるはずで、プッサンの《人生の輪舞》と同じく、時の翁が竪琴をひいて、女神たちを踊らせているかもしれないのである。空中を飛んでいる目隠しをしたクピドがやがて盲目の時の翁になるのは、パノフスキー『イコノロジー研究』に見る通りである。

その「時の踊り」、「季節の踊り」ともなる美の女神たちの踊りが、村祭りのロンドになり、世紀末のウィーンでは、男女のカップルによるロンドになった。二人だけのロンドというものは実はヨーロッパだけのものなのである。

そしてまた、ヨーロッパの風俗特有のものである夜会服は、その回転舞踏で花開く女性の美しさを誇示する装置だったのである。これはもちろんフラメンコの踊りでも同じで、踊りでも、お辞儀の際でも、その波打つすそをつまんで軽く持ち上げるのが作法で、それが誇張されればフレンチ・カンカンのように足を跳ね上げて、ズロースをみせびらかすことにもなった。このヨーロッパ風十二単ともいうべきレースの洪水は、「隠す」ものではなく「見せる」ものだった。盆踊りも同じだといっても、日本のゆかたは、確かにそれも踊りの手ぶりに合わせて、ときにみやつ口から肌がのぞいたりもするとしても、少なくとも腿をちらつかせるような装置ではなく、舞い上がるものではなかった。

かくて足をちらちらと見せながらくるくると旋回する女性たちは、そのレースの渦を頭上の花飾りまで上昇させて、やがては踊りの恍惚のうちに「第七の天」、すなわち官能の陶酔に昇りつめるのだった。トルコでは修道僧デルヴィッシュの旋回舞踊がアラーの恩寵を乞い願う儀礼になっているが、ヨーロッパでは旋回するのは女性で、その旋回するダンス、翻るレースの渦、頭上に渦を巻く巻き髪、それはすべて、官能の極致である天上へ達しようとする憧れのあらわす形だった。ボードレールの詩『夕べの諧調』はゆらゆらとゆらめく茎の上の花のように旋回する踊り手たちの憧れ出す魂が香炉から立ちのぼる香煙のように渦を巻きながら官能の天へ昇ってゆくさまを描き出す。(45)

「螺旋ダンス」を踊って人気を博したモンマルトルの舞姫ロイ・フラー

4　繊維文化と螺旋

地球上すべての地点で、糸をつむぐ、ないし縄をなうという文化が見られる。縄は獣の皮を紐状にしたものをなう場合もあれば、樹木の皮や蔦でもありうるし、藁でもある。縄文土器の名前が示す通り、どこでもきわめて早い時期から二本以上の繊維や藁などを綯り合わせて紐や糸をつくることは知られていた。それが木綿やウールになるのは場所によってはかなり時代を下ってからであっても、地球上全体でいえば、木綿も羊毛も決して新しい発明ではない。その糸を縦横に交差させて布にすることもほとんどのところで実践されてきた。

その糸をよることはしかし、土地によって、文化によって多少、やりかたに相違はあった。ヨーロッパの場合は、まず材料が古くから羊毛だったこと、つむぎ車が早くから発達したことがあげられる。しかし紡錘による手作業でも片手に長い紡ぎ竿を持ち、反対の手で紡錘を持って糸をよった。このつむぎ竿をQuenuoille《クヌウイユ》（英語でdistaff）といい、ヨーロッパの女性のシンボル的な役割をした。『つむぎ竿の福音書』という、一種の家庭魔術書がある。魔女がこのつむぎ竿を持っている絵もよく見かける。紡錘のほうもそれで眠り姫が身を傷つけて眠り込んだともいう。日本でも機織のおさで身体を傷つけて死んだ女がいたことになっているが、この紡錘とつむぎ竿の形はどこにでもあるものでも、やはりヨーロッパのものは独特の形を持っていた。中世のクヌウイユを描いた写本の絵を見ると左手につむぎ竿を持ち、そこから引いた糸を右手で垂らした紡錘に巻き取っている。これが標準的な

右：
15世紀フランスの写本に描かれた糸つむぎ
左：
ブグロー《つむぎ女》
1873年　個人蔵

スタイルで、羊飼いの少女なども羊の番をしながら糸をそうやってつむいでいた。女たちがみな竿の先に羊毛を巻き付けたものと紡錘を持っていたのである。そして右手は絶えず、紡錘に回転を与えるように糸をよじっていた。これがヨーロッパの形の基本になるのだった。ブグローが一八七三年頃描いた《つむぎ女》のつむぎ竿はまさに螺旋形の羊毛をからげた竿を持っている。

糸つむぎをするのに、つむぎ竿に羊毛をからげ、そこから引き出した糸を紡錘を回しながら、巻き取ってゆくという作業、そのプロセスの一部、あるいはそのあとのプロセスとしてつむぎ車を使うこと、そしてその車の形状、それらは、別にどうということもなく、羊毛と木綿の違いもさして影響せず、かなりな地方で同じようにおこなわれ、どこでも女性の仕事とされてきたことはその通りなのだが、それを絵にしてみると、羊毛をぐるぐるとからげて、螺旋形にしたものを片手に持ち、もう一方の手で紡錘をくるくると回しているヨーロッパの農家の女たちの姿は確かに「ヨーロッパの形」をあらわしているように思われる。

そうやってできあがった糸も螺旋状になるが、羊毛の束のほうは綿飴的な格好の螺旋を描いている。つむいだ糸は糸車で回転させて巻き取る。そして一定量で8の字にねじって束ねる。この糸つむぎの文化の形は飾り紐、ロープ、あるいは三つ編みヘアー、ねじりドーナツなどの生活文化の基本形を構成する。結婚の支度としてもつむぎ竿、つむぎ車を持っていった。さらにその糸を使って機織をした。機織器を嫁入りに持ってゆくというのも日本でもかつては場所によっては見られたようだが、ギリシアではペネローペが夫の帰るのを待って機を織っていた。求婚者たちをしりぞけるのに、この機が織り上がったら返事をするといって、待たせておいて、夜になると昼間織り上げた布をほどいていた。いつまでたってもできあがらない仕事だが、糸をつむぎ、機を織るというのは時をつむぐことでもあり、アフリカのドゴン族の神話では機織が世界の創造の寓意ともされる。しかし、その糸つむぎと機織の道具がヨーロッパでは日本やアフリカと違ってかなり早くから機械化されていて、まず糸つむぎのつむぎ車は一昔前のミシンと同じような大きなはずみ車がベルトで小さな車と連動していて、脚でペダルを踏むと、大きな車が回るようになっていた。しかし、できあがった糸が螺旋形に繊維をよりあわせたものであることに変わりはなかった。

ギリシアではさらに運命の女神パルカが糸をつむいでいて、その糸が人間の運命だった。つむいでいる途中で糸が切れると、その人が死ぬのである。アリアドネーは糸巻きをテセウスに渡して迷宮の道案内にさせたが、その糸も彼女がよったものだった。ウェディングドレスと同じように処女が心を込めてよった糸を、夫たるべき若者に渡したのである。しかしテセウスは彼女をナクソス島に捨ててゆく。

第二章　食文化

1　丸い食べ物

すでに述べたように小麦を粉にしてそれを造形して食べる食習慣は穀物をそのまま食べる粒食とはおのずから違った形を持っていた。また、ヨーロッパというと「肉食」で、実際はそれほど肉食偏重ではなかったのだが、また肉食禁止でもなかったから、当然、やわらかい魚を食べるのとは違った装置が必要だった。また刺身のように事前に薄く切り分ける料理はヨーロッパでは少なく、肉の塊がそのまま食卓にやってきて、それを主人役が大きなナイフで切り分けたのである。

さらに日本では角皿に四角い豆腐が出てきても少しも違和感はないが、昔のヨーロッパでは皿は丸か楕円と決まっていたし、四角い食材は珍しかった。特に食卓の上に四角い食べ物が出てくるということがヨーロッパの食文化にはなじまなかった。日本では皿だけではなく、膳でも重箱でも四角が主だったし、箸は直線だった。豆腐はどんな形にも成型できるはずでありながら、少し前までは、豆腐といえば四角かった。日本では輸入文化としてのチーズでさえ四角い紙の箱に入っていた。ヨーロッパでは一般的にチーズといえば丸く、ピザも丸ければ、パンもふつうは丸かった。

もっともこれにも時代の変化があるといわなければならない。洋皿は丸と決めていたが、最近はヨーロッパのレストランでも角皿がよく出るようになった。日本の影響だという。皿は丸と決まっていたヨーロッパ文化、その二千年の歴史が今終わりを告げているのである。米食がかなり前から広まっていたのは確かである。かなり前といっても十九世紀だが、ピラフ、パエーリャ、リゾットだけではなく、サラダにも米を使うし、肉のつけあわせにも軽い味付けの米がよく使われる。ただその場合は皿は丸皿である。アフリカの食生活に米が大いに進出していることも影響しているかもしれない。インド洋のフランス海外県レユニオン島の伝統料理は肉を炊き込んだ米である。レユニオン島はインドや中国、マレーシアなどの人々が多い土地で、かなり昔から米食だったのかもしれないが、現在は、ほとんど毎食米を炊いている。ただその場合も皿は丸皿しか見かけない。

米食の普及と角皿の出現は関係がなさそうである。米やパスタは丸皿でなければ食べにくい。クスクスなどはどうしても丸皿か丸鉢である。しかし、肉を小さく切って料理したものは角皿にアレンジすることが多くなった。これも、昔は肉は食卓で切るものだったから、丸い大皿に載って出てきたのだが、今は台所で小さな肉片切り分けられ、四角い皿に盛りつけて出されることも少なくなくなったのである。それでも、鶏などは今だにそのままの丸い形でテーブルに出てくる。

2 練り粉の造形

英国は別にして、ヨーロッパでパンといえば、ふつうは丸いものか、それを少し横に引き伸ばしたものが多い。しかしすでに述べたように粉食文化では、粉を水でこねて、自由に形をつくるのが原則だった。そこで、ふだんは球状のブールや棒状のバゲットを食べる地域でも、祭りの日にはハート形にひねったパンや三つ編みにしたパンなどをつくって食べたし、人形形にしたり、ガチョウや兎をかたどることもあった。(46)これはヨーロッパ全域で見られるものだが、特にドイツ文化圏ではブレーツェルといって基本形はハート形、展開形として三つ編みや人形パンが祭日につくられる。アメリカではこれを小型のクラッカーにしてつまみのスナックとしているが、ヨーロッパでは主食のパンである。普段の日のいつものパンでも、バゲットではなく、ねじりを入れたものもつくられており、ねじり目で人数分にちぎり分けることができるとされ

ドルドーニュの三つ編みパン

プレーツェルをかたどった19世紀ドイツのパン屋の看板

ている。バゲット自体も斜めに切り口を入れており、同じ機能を持ち、見かたによってはこれも螺旋形とも見られなくはない。

その原則はドーナツを思いだせばいい。ねじりドーナツでも、リングドーナツでももとは同じような棒状のパン生地を丸くしたり、ひねったりしたのである。主食として大きな塊を焼くのではなく、祝祭日やおやつ用に小さな塊をこね、好きな形にして揚げるものであり、棒状にこねたものを丸めるか、ひねるかはブレーツェルの場合と同じである。

メリュジーヌの村で祭日にはメリュジーヌを人魚の形にパンでつくって焼くというのを、前に『フランス神話学会誌』で見たが、世界のパンの形のなかでは、ドイツのブレーツェルのひとつのようだ。ヨーロッパ各地で祭りの日に焼く趣向をこらしたパンは、幼な子イエスの形にしたり、魚だったり、ウサギだったりもするのだが、メリュジーヌのような妖精にゆかりの地では、その妖精の形にするのである。ただ、ここでは妖精の下半身は二本の蛇になってそれがくるっとまわって、あわさっている。妖精ではなく「悪魔」にする地方があるというのはよくわからないが、『砂糖まぶしの悪魔』とでも訳したらいい題名の本ではフランス各地の祭りの「悪魔」パンの写真をたくさん載せている。どうやら、日本の節分の鬼のように、これを「悪魔」として退治するというつもりのようである。麦畑でひと束を刈り残しておいて、最後にそれを「オオカミ」だといって刈り取って、それを翌年まで穀霊としてとっておく例が報告されているが、オオカミと麦がどうして関係するかというより、畑の麦を刈り取っていって、最後の束にそのあたりに出没する動物を追い込んで、麦と一緒に刈り取って、それが畑の豊作を保証する神霊だと見なすのである。イタチとか、ネズミなどでもよさそうだが、ことに狼の場合は、害をなすものを祀り上げて守護霊にしようという民間宗教の逆説的論法によるのである。

この麦束を三つ編みにして持ってくるのが、ロシアからスペインまで見られる風習である。ロシアでは「髭」というと佐野洋子の『ロシアの神話』にある。フランスでも「最後の一束」あるいは「初穂」をやはり三つ編みにしてリボンをかけて持ってくる。

麦束なら「オオカミ」で、パンなら「悪魔」である。あるいは守護聖人でもいいのだが、たとえば、聖母マリアとかイエス・キリストにはあまりならないのは、それでは恐れ多すぎるのと、あまり粗末な形でつくると神聖なものを冒瀆するのではないかと恐れたり、教会の神父に怒られるかもしれないといった心配があるのだろう。「悪魔」なら、いびつな形に焼いても一向にさしつかえないし、それをみんなで食べてしまってもいいのである。(47)

いずれにしても祭りの日にはそれぞれ趣向をこらしたパンを焼く。昔はパンはみんな家庭でこねて焼いたもので、ふだんは丸い塊で、単に上に十字の切れ目を入れるくらいだが、祭りの日はおもしろい形に競って作るのである。子供たちもその作業には参加するので、子供にも作りやすいような細い丸棒にパン生地をこねて、それを渡すと、子供たちがそれでハート形にしたり、人形を作ったりする。地域によ

これは幼子イエスのようだが、はっきりさせないところがいいらしい。

麦束とパンの飾り

って形が決まっていることもあり、ブレーツェルはそれが国家的な形になったものだが、各地で見ると、細く丸めたパン生地をよりあわせて、ねじりドーナツのようにしたものが多く、三つ編みや、複雑なケルト渦巻きのようなものもある。

いずれにしても祭りの日はただの丸パンではなく、工夫をこらした人形パンを食べるのだが、鳥やウサギの形にこねたものより、まっすぐな丸棒を二本、三本とまとめてひねったものが腰があっておいしいのである。それもまず一本の丸棒をねじって、ひねりをきかし、それを二本、三本とまとめてねじる。弾力のあるパン生地がもとへ戻ろうとする動きを二本を束ねることで押さえるのである。これは糸をよって丈夫な糸をつくるのと同じである。ヨーロッパの祭りのパンはひねりドーナツ、あるいは三つ編みパンの形になることが多いのにはそれなりの理由があることになる。腰の強い手打ちうどんをひねってさらに束ねて三つ編みにしたようなものだ。食べるとしこしことして歯ごたえが違うのである。なお細いスパゲティでも角形で成形したものをさらに軽くひねってわずかに螺旋形になったものがある。ひもかわうどん風のパスタも軽くひねってある。ひねる作業は余分な手間だが、それだけの手間をかけてよりしっかりしたパスタができる。なお、これを茹でるときも、たっぷりの沸騰した湯にぱらぱらと入れることはいうまでもないが、単に入れるだけでなく、十分に掻き回す。

シチューでもたえずしゃもじで掻き回しながら煮詰める。当たり前のようではあるが、日本のたとえば汁物では、あまり掻き混ぜたりはしない。掻き回したら豆腐などはくずれてしまう。焼き物でも日本では網の上にじっとのせて焼くのが原則で、表裏をひっくり返しても、火の上で回転させるという発想はないようだ。米で

渦巻き形のパン

も煮ているあいだは蓋も取らず、じっとしている。これがヨーロッパ風の炊飯でも、あるいは東南アジアでもすでにそうだというが、沸騰した湯のなかに米をぱらぱらと入れて、くっつかないように掻き回しながら煮て、煮上がったら、ザルですくって水切りをする。これは「湯立て」だが、東南アジアでは「湯とり」法が用いられるという。どちらでも米は炊いているあいだ何度も掻き回す。ヨーロッパの料理は煮込みでも炒め物でも掻き回す。フライパンに油をしませるにもフライパンを回転させるのだが、大きな重たいフライパンだとかなりな力技である。料理を回転させるかさせないかは動的文化と静的文化の違いというより体力の違いかもしれない。ただしオリエントやヨーロッパでも羊を神に捧げるときは焼き串に刺して回転させるということはしない。祭壇の火の上において、固定したまま焼くのである。煙のほうは渦を巻いて天へ昇る。しかし、肉は動かさない。

ヨーロッパの汁物はだいたい、よく掻き回す。パスタの場合は十分に掻き回さないとパスタ同士がくっついてしまう。そしてそれを食べるときはスパゲティならフォークにくるくると巻きとって食べる。この「回す」作法は日本料理でやったら嫌がられる。「回す」というしぐさと「食べる」ことのあいだに距離がある文化と距離のない文化の差である。ポタージュなどでもよく掻き回すが、ジャガイモやカボチャなどでも、ミキサーでくだいたものを煮る場合でも、あるいは細かく切ったものを煮る場合でも同じで、最終的にはよく混ざってトロッとなったものがいい。ヨーロッパの調理は混ぜるのである。

それも調理師によるが、一方向にだけ混ぜることが多い。パンなども一方向に混ぜてこねる。マヨネーズだったら、混ぜている途中で回転方向を変えると油と酢が分離してしまう。様々な材料を火にかけながら掻き混ぜて渾然と融和したものをつくりだすので、ブルゴーニュ風ビーフシチューでも、肉以外はとろけてしまって形がなくなっていいのである。肉だけは崩れないように、あらかじめよく炒めて、外側を焦がしておく。またオムレツでは、あまり掻き混ぜてはいけない。それでも一方向に素早く掻き混ぜる。料理や食材によってその扱いは微妙に異なるが、掻き回すというしぐさはつねにつきまとう。日本でも茶道の茶のたてかた、茶碗の回し方などがあるから一概にはいえないが、ヨーロッパの料理がおおむね回すことであるのに対し、日本では材料の形をそっとして掻き混ぜないことが多い。焼き魚などでも回しながら焼くということはないが、ヨーロッパの鳥や羊肉などの串焼きは回転させせながら焼く。

これはオリエント以来のものだが、鶏や羊をぐるぐると回しながら焼くのがヨーロッパの「ハレ」の日の習慣である。「焼肉」という言葉の概念は日本とヨーロッパではだいぶ違うが、オリエントでも大きな祭りではたいてい羊を一頭丸焼きにした。焚き火の上で羊を串刺しにして、それを回転させせながら炙るのである。アフリカの架空の暴君の物語、パトリック・グランヴィルの『火炎樹』で、狩でしとめたガセールを串焼きにして仲間同士で食べるところがでてくる。

それもよく火が通るように、焼肉回し機トゥルヌ・ブロッシュが工夫され、アナトール・フランスの描く物語『鳥料理レーヌ・ペドーク亭』では犬が焼肉を回している。

ボーヌの施病院の焼き肉回し機

レストランの焼き肉回し

馬が碾き臼を回して小麦を粉にしたり、水を汲み上げる装置を回したりしたが、鶏くらいだと、それを何羽か刺した串を火の上で回転させるには犬が回るだけでよかった。今でもヨーロッパの市場へ行くと、赤外線のオーブンなどを据え付けて、鶏肉を炙って売っている。これが、みながらがらと回転するのである。日本で売っている電子レンジでもたいてい、回転するが、これは皿が回るので、ヨーロッパのオーブンで串刺しにした肉が串ごと回転するのとは違う。オーブントースターのようなものでも、肉を刺して回転させるものがあった。

3 食品文化における回転性

ねじりドーナッ、ひねりパスタなどから、マヨネーズの混ぜ方にまで及んだが、実はヨーロッパでは穀物生産とその加工でも「回す」ことが重要なのである。麦を刈り取るときは大鎌を腰にあてて回転させて刈る。直径二メートルから三メートルの円状の面積の麦が鎌の一回転で刈り取られる。死神が人々を刈り取ってゆくといい、その大鎌を骸骨に持たせた絵がよくある。そうやって刈り取った麦を脱穀するのに叩いたり、馬に踏ませたりと色々あるが、多くは回転式の「稲こき」で脱穀する。これはどこにでもあるが、日本では「せんばこき」というと、櫛状の道具で、稲を「こく」のであり、回転運動は見られない。日本で回転式の脱穀機が普及したのは明治になってからである。そして脱穀した麦をヨーロッパでは粉にする。ここで磨り臼が使われる。その動力には風車や水車が早くから使われた。臼というとヨーロッパでは二枚の摺り石のあいだで穀物をする磨り臼が主で、日本ではつき臼が主だった。水車を動力にしても杵を上下させて叩いて米をついた。餅つきはもちろん、つき臼である。しかし、ヨーロッパでは製粉は回転式の碾き臼で、そうやってできた粉をこね桶でこねてパンにして竈に入れて焼いた。これを年に一回だけ焼くところもあれば、チロルのように三回というところもあった。一回に百二十個を焼くというが、大きなパンだと、一日に一個食べてしまうとは限らなかった。

クロワッサンの形も独特だが、これは薄く伸ばした生地を巻いていって三日月形にしたもので、ある意味では巻貝形といってもいい。あるいは牛の角形かもしれない。中国では羊角パンと呼ぶ。香港では牛角包である。[48] このクロワッサンをくるくると延ばして中にバターやジャムをのせてまた丸めて食べている人がいて感心した。クレープを丸めて食べるようなものだが、クロワッサンは確かにもとは丸いクレープのようなものなのである。

日本の「チョココロネパン」というのは、まさに巻貝形だが、ロールパンも巻いたもので、パンではなく、菓子ではバウムクーヘン、あるいは薄焼きのクレープを巻いて出すものもある。スポンジケーキでも上にクリームを絞ってのせたショートケーキでは渦巻き形のクリームが特徴であろう。マロンをつぶして絞ってのせる場合は円い台に螺旋形に盛り上げるのが多い。タルトも円い台に螺旋形に果物をのせるのである。アップルパイでもヨーロッパ式はタルト風の円いパイ生地の上にうす切りのりんごを重ねながら、渦巻状に並べる。日本ではアメリカ式の、砂糖煮の林檎を詰めたアンパンのようなアップルパイが多いが、どちらが本式かわからない。

17世紀オランダの粉ひき
馬が回すもの（右）と風車によるもの（左）
（ヤン・ライケン『人の営み』［1694年］より）

ただヨーロッパでは渦巻き形が多く、アメリカの食文化にはあまり渦巻きへのこだわりがないと言うことはできるだろう。ヨーロッパのタルトはリンゴに限らず、あらゆる果物を渦巻状に並べるので、オレンジならやはり輪切りにして渦巻きにする。

その土台はパイ生地でもタルトでも小麦だが、その小麦をどうやって作るかというところまで遡れば、まず畑を牛を使って鋤き返す。その犂がユーラシアに共通したものだが、ヨーロッパ特有の形は犂の刃のうしろに車輪がついていることで、つまりはこれも車なのだ。また、牧草地や野菜畑のときは浅耕をするので、犂ではなく、今の動力式耕運機のような回転式の刃が横に何列も螺旋形にならんだドラムを使った。そして種まきはミレーの《種まく人》に見られるように、取り入れの時の鎌の動きと同じで、腰に下げた袋から種を取り出しながら、腰をひねって円形にまいていった。日本の水田では苗代でできた苗を植えるのだから話は違うが、「田植え」といえば、車田のような特殊なものは別にして、原則としてまっすぐに植えてゆく。大根のように種をまくのでも、畝をおこして、直線的にまいてゆく。日本の農作業では「回転」という思想はなじまなかった。それに対して、ヨーロッパの農業はすべて車であり、回転だった。種まきも腰をひねりながら回転式にまくのである。

農作業という時に、伝統的な日本の農業で思いつかないのが酪農だが、ヨーロッ

ミレー
《種まく人》
1850年
ボストン美術館

パは酪農が農業に占める割合がきわめて高い。飼育しているのも牛豚鶏だけではなく、羊、山羊が多く、鳥もウズラから七面鳥まで多様である。その目的も乳製品、食肉、羊毛、皮革、羽毛と様々で、酪農より畜産業といったほうがいい。しかし何といってもそのなかで乳製品の生産を目的とした酪農が一番多いが、この作業はこれまたほとんどが絞ること、掻き回すこと、すなわち回転なのである。牛乳でも羊乳でもこねるようにして搾乳したあと、加工の過程ではまず掻き回して、脂肪を分離させ、上澄みをすくってバターをつくる。インド神話で世界の最初に神々が乳海を攪拌して様々なものをつくりだしているが、乳を攪拌することが乳製品製造過程の基本である。

また、冬の間の飼料として牧草を刈り取って干し草にするが、これをロール状に巻いて束ねて牧場にしばらく放置しておくのが夏の牧場のひとつの風景になっている。一メートルから二メートルくらいの大きなロールが牧場のあちこちにころがっている。昔は単に束にして積み上げていたが、輸送の便などからロール状にすることが多くなり、刈り取りと結束を同時におこなうコンバインダーの普及とともに、牧草地帯のふつうの風景になった。もっとも最近のコンバインダーはより小型の四角い束にするもののほうが多くなったようだ。

ヨーロッパの農村でほかに多いのは葡萄畑で、葡萄摘みとワイン造りが季節の風物詩になる。この歴史は紀元前数世紀からと見られている。葡萄は地面から五十センチくらいに仕立てるのが多いが、ここにびっしりとなった葡萄を半月形の小さな鎌を丸く回しながら切り取ってゆく。それを丸いかごに入れ、大きな丸い樽にあけてから葡萄搾りのプレスにかけ、ぐるぐるとハンドルを回しながら絞ってゆく。

ワインの場合、ソムリエが試しについでくれたワインをグラスを回転させて、中のワインの色艶を嘆賞しながら飲むのはいかにも通ぶって嫌味だが、別に回して飲んではいけないわけではない。それどころか、ワインのボトルをカーブで保存しているときは定期的に瓶を回しておくようである。ワインではなく、コニャックなどだと、丸いグラスについだ酒をゆっくり回しながら手のひらであたためて飲むものだともいう。

料理を食べたあと、皿をパンで丸く拭いて食べるのは、行儀が悪いとも、たしなみのうちだともいい、定説がないが、つまり、好きなようにすればいいので、多くの人が、皿をパンできれいにしている。これもただ、前後左右にごしごしとこするのではなく、一回だけ、くるっとパンで拭くくらいがよさそうである。テーブルは様々だが、これも真四角なテーブルは近年のもので、ヴェルサイユの宮廷などでは楕円形がふつうだった。もっとも田舎の農家では木を切り出したままの四角いテーブルがふつうだった。皿のほうは丸が基本であるのに対して、テーブルのほうは丸や楕円が多いものの、すべてが丸いわけではない。

4　栓抜き

ヨーロッパの食卓の必需品であるコルクの栓抜きは、何でもないようで、ネジの理論がわかっていないところでは作られない形である。二重スクリューの構造になっていて、ねじこんだあと、留め金のラチェットを倒して同じ方向に回し続けると栓が抜

イチイの栓抜き仕立て

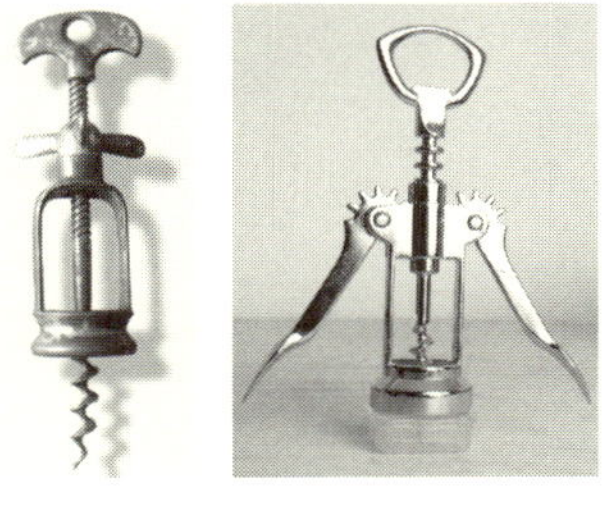

様々な栓抜き

けてくるものもあり、これはかなり高度の機械装置であると思われる。一般には単にネジ形の先端をねじこんで引き上げる。それを引き上げるのに梃子を使ったレバー式のソムリエナイフがあったり、これを踊り子の足に見立て、広げた足を閉じると栓が抜けるものもある。

栓抜きではなく、壜のキャップでも、ひねって開けるという仕組みを知らないものには手も足も出なかったろう。サルなどだったら、どんなに知能の進んだ日本ザルでも、壜のキャップが開けられるかどうか疑問である。缶ジュースの蓋は学習して開けられるようになったサルが日本にはいるようだが、キャップを回すことは難しいだろう。まして栓抜きでコルクを抜くことはできない。室町時代にポルトガルの宣教師などがコルクの栓をしたワインの壜を持ってきたとしても、当時の日本人には開け方がわからなかった。日本では酒樽でも、開けるときは鏡板を叩き割ったのである。もっともヨーロッパでもキャップをつけたガラス瓶や、コルクの栓はかなり新しいもので、ポルトガルの宣教師が、コルク栓のワインを持ってきたかどうかは定かではない。しかし、宣教師たちが赤いワインを飲んでいるのは記録にもあり、当時の日本人はそれを見て、人の血をすすっていると思った。その誤解を解こうとして、コルク栓を螺旋形の栓抜きのひとひねりで抜いてみせれば、こんどはそれこそバテレンの手品だと思ったに違いない。

コルクの栓自体はかなり時代を下ってきてからのものだとしても、葡萄をつぶして汁を絞るのに、樽に入れた葡萄を足で踏むのではなく、プレス機で絞ることはかなり早くから行われていた。印刷機の発明というのも、原理は中国から伝わったとされるが、印刷そのものについてはプレスで押して刷ることに技術革新があったのである。(49) そしてそのもとになったのが、オリーブや葡萄を絞るプレスで、ネジの理論であるとともに、回せば回転力が圧搾力になり、葡萄などの果実がつぶせるということに気がついたものによる発明だった。その葡萄絞りのプレスと、葡萄酒の壜のコルクと、その栓抜きとは同じ形象である螺旋の原理を使った一連の文化だった。ちなみに果実をつぶす文化、そのまま食べる文化があり、粒食文化と粉食文化にも対応する。地中海ではオリーブをつぶして油を絞ったことで文化が育ったという。なたね油のように灯用にはあまりならなかった。

コルク栓は壜の内径よりも太いコルクをねじりながら差し込んで固定するところから始まっていて、決して、日本の樽の栓のように叩き込むものではなかった。これを開けるのに、ねじってはめたものだから、逆にひねれば開くだろうという発想である。実際には開けるときにはコルクをひねるとは限らず、螺旋形のネジがコルクに差し込まれてそれを今度はまっすぐに引き抜くのだが、発想の大元には「回せば開く」という観念があるのである。先にふれた回転式缶切りも、日本ではあまり見かけないが、缶詰のヘリに回転式ブレードをはめこみ、あとは蝶形などのレバーを回していけば蓋が開く。現在は欧米でも電動缶開け機が主流になっているが、原理は同じである。ドアの鍵でも同じだし、金庫のダイヤルなどでも回すのである。「回す」というのは車輪の原理だが、食べる事に関していえば、最初は碾き臼で小麦を粉にするところから始まった。そのままでは食べられない硬い穀物やどんぐり

ブルゴーニュで使われていた18世紀の葡萄圧搾機

を粉にするのに、どうしたらいいだろうというので、回転式の碾き臼を「発明」したのが粉食の始まりである。もちろん、そのもとの動力には風車や水車があり、これも回転するものである。その回転力を三角ギア（笠歯車）で角度をかえて、水平の回転力に変え石盤を二枚すりあわせ、そのあいだに小麦が落ちるようにしたのはなかなかかしこい「発明」である。

穀物を脱穀、あるいは粉砕して粉にするには最初は杵で叩いた。突き臼の中へ入れて突くのはどこでもやっていたことである。それをより少ない労力でより細かな粉にするのに磨り臼を考えだし、その石盤を回転させる方法を考えて、次にそれを馬などで回転させたり、やがては水車や風車を使おうとなったところから機械文明が始まったのである。

かかる「大発明」の結果が食卓にパンを並べるところまで波及する。パンはもともとはもっと素朴な方法で粉にした小麦粉をこねて自家の竈で焼いたものだったが、次第に工業化してくるのである。

というわけで、ヨーロッパの食卓に並ぶ、パン、マヨネーズ、そしてワインもデザートも渦巻きであったり、三つ編みであったりしても、すべて回転運動の結果もたらされたもので、ねじったり、ひねったりしてできたものだった。ワインの葡萄はプレスで絞ったのであり、レバーを回すことで果汁が絞られて桶にたまり、それを保存しておくと発酵して酒になった。それを壜に詰めて食卓に出したときは、その回す作業を逆におこなって栓を開け、グラスについで、中のワインをおもむろに回転させて彩りや香りを嘆賞して飲んだのである。

皿も丸く、テーブルも円いものが多い。パンも丸く、ハムでもソーセージでもローストビーフでも肉を丸くして螺旋状の紐で縛って加熱や加工をする。長いソーセージが大皿の上にぐるぐるとぐろを巻いていることもある。パスタもフォークにぐるぐるとからめて食べる。ピザも丸く、チーズもたいていは丸いものだ。トマトも日本ではふつう縦に8つに切るが、そうすると尖った角が上を向く。フランスでは二、三ミリの厚さの輪切りにすることが多い。食べものは丸いもので、四角いもの、尖ったものなどは食べることにはなじまない。その点は中国でも同じだろう。これは皿や鉢だけではなく、鍋でも、あるいはまな板でさえ、丸いものがヨーロッパでは基本だった。昔からの民家や城館の台所をのぞくと、大小さまざまな鍋が壁にかかっていて、床にも樽やバケツのようなものが、並んでいるが、みな大小様々な丸い形である。その大小の円い鍋やフライパンが大きさの順に壁にかかって、銅の赤い光を放っているのを見るとまるでパイプオルガンのパイプを見るようである。楽しげな音楽の旋律が渦を巻いて立ち上るようにも思われる。

5　油壺、食卓とエロス

渦を巻く形としては、食卓に置かれるドレッシング入れで、タマネギ形の油壺と酢の壺を抱き合わせたものがヨーロッパでよく見られる。丸いガラス瓶が二つくっついているのである。手提げ籠のような容器に塩と胡椒を入れたものはどこでも見られる

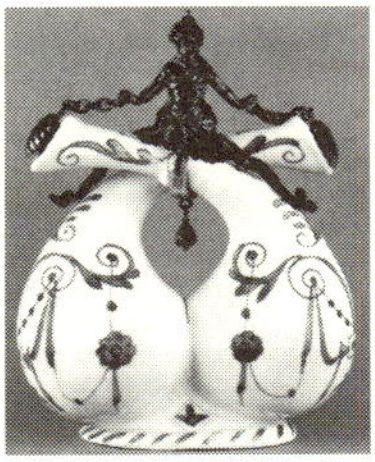

油と酢のドレッシング入れ
十六世紀のメディチ陶器製

絡み合った形の塩胡椒入れ

が、オリーブ油と酢が並んでいることもある。油と酢を混ぜてドレッシングとして出すかわりに自分で好きな配合でかけるようになっているのだが、その油と酢の壜を抱き合わせて、二つの出口から油と酢が別々に出るようになったものがある。そうやって二つの壜を組み合わせているのが、まさに男女が抱き合って踊っているようにも見える。ワインの壜でも白と赤を組み合わせたり、コニャックとワインを組み合わせたものもある。なお胡椒のほうは、粒の胡椒を食卓で粉にしてふりかける胡椒挽きは日本でも見かけるが、これもこけしのような形の円筒形の容器の頭をひねって胡椒の粒を挽くのである。これはひねらなければ、いくらふっても出てこない。また、これも胡椒と塩を絡み合った二つの壜に入れて、やはり男女で絡み合った形にしたものがある。食べることとエロスとが絡み合った文化である。

この食卓に並ぶオリーブ油の壜の形は、ワインのカラフ、あるいはデカンタなどというものや、水差しの形にも見られ、十八世紀のフランス絵画などではよく、テーブルに置かれた水差しが描かれている。特にシャルダンの描いた静物画の水差し、銀か錫のコップ、鉢など何でもないようでも、やはりひとつの文化の形をかたちづくっていると思わせられる。この球根形、タマネギ形のガラスの造形は中国や日本の一輪挿しなどに見られる形だし、日本なら徳利にもなるだろう。それぞれの文化の形で、同じようでいながら風土によって味わいが異なっている。またそれぞれテ

シャルダン
《カラフ、銀のゴブレット、果物》
1728年
カールスルーエ国立美術館

ーブルを飾るものとしては、アラビアでは水キセルがあり、ロシアにはサモワールがある。ヨーロッパではトルコから広まったコーヒー沸かしもあれば、イギリスのティーポットもある。どこにでもあるもので、日本なら、急須でも、鉄瓶でもあるだろうが、それぞれがそれなりに独特の形を持っている。

そしてどこにでもあるとはいえ、特にヨーロッパの食事の楽しみを演出するもの、その準備から、食後のたばこの煙などまで、竈の火と煙、食堂の温もりと、賑わい、人と人の出会いと会話の渦が醸し出す雰囲気をゆらゆらと立ち上る煙や温気にあらわすこともできる。ヨーロッパの食事につきもののワインは、その会食者たちのあいだを巡る楽しみの渦をいっそう温かにほのぼのとさせる。食後のリキュール、たとえば芳醇なコニャックを丸い小ぶりなグラスについで、手のひらの中で温めながら飲み、一日の疲れを癒す。酒の香気をフランス語では煙と同じく「ヒュメ」という。温かな料理から立ち上る香気と湯気と同じく、ワインの香が食卓の上を渦を巻いて立ち上る。そんな酒の出しかた、飲みかたもまた文化と風土によって異なっている。ギリシアでは酒の酔いを司るディオニュソスは詩と演劇の神でもあり、葡萄酒は芸術の基本でもあった。ギリシアの陶器の杯にはその酒神の信徒であるマイナスたちが乱舞するさまが描かれている。

第三章 住まいの形

カニはおのれの形に合わせて穴を掘るという。獣はおおむね穴を掘るが、鳥は藁屑などを集めて巣をつくる。

人が住むために作る家は鳥の巣のようなもので、本来は丸いものだった。日本の竪穴住居も丸かった。その後、中国の都市計画を真似して条坊制の都をつくったが、ヨーロッパはたいてい、円形に都市を形成していった。アムステルダムなどでは、海に面しているために円にならず、扇形、あるいは半円形になったが、求心的に人が集まる形がそのまま都市の形になっていた。そしてそのヨーロッパの都市では、道が円形の広場から放射状に出ていることが多い。その広場はぐるりを同じ高さの建物で囲まれ、広場の中央で見世物師が熊に踊りを踊らせ、ジプシー娘がフラメンコを踊れば、家々の窓から「観客」たちが手をたたく。広場は一種の円形劇場のようなものになる。トレビの泉は広場の端につくられているが、建物を模した壁を背負っている。その壁はいかにもそこから建物が続いているように見えるが、裏へ回ってみると何もない。壁だけなのである。何もない野原に広場はできず、広場に泉を作ろうと思えば、それが寄りかかる建物の壁が必要だったのである。したがって建物がなくとも壁だけは作った。

1 広場あるいは中庭

修道院の中庭と、都市の広場は同じものである。広場の周りには建物がぐるっと取り巻いていて、この建物の中庭としての機能も広場は持っている。その中央に噴水があったりする。円形の広場なら、たいていロータリーになっている。パリの凱旋門広場もそうだが、ヨーロッパの都会の主要な広場はロータリーが多い。ぐるぐると回りながら、適宜、放射線状の道路へ出てゆく。慣れないといつまでもぐるぐる回りをさせられる。慣れれば、車の流れについていって自然に曲がることができる。信号で止まれ、動けと命令されるのではなく、自分の意志と責任で回転しながら、周囲の動きに合わせて流れてゆく。四方八方から集まる車をさらに四方八方へ流してゆく方式としてのロータリーはヨーロッパにおける人の流れについての思想の根幹にある形だといってもいい。パリのオペラ座ガルニエ宮の階段なども同じような思想で設計されている。様々な方向から集まる人の波を回転させながら行く先別に振り分けてゆく。ロトンドともいうが、都会の中の離合集散の形である。

これはルーレットなどの形とも目される。地下鉄の駅などでも複数の路線の乗り換え駅ではやはりロータリー方式を取っているところがある。交差点を直角に曲がるのではなく、円形広場にいったん、全員を導いて、ぐるぐる回りながら、目的の方向へ振り分けてゆくのである。そこに階段を配していることもある。階段を上がると広場になっていて、そこからまた四方八方へ階段が出ている。有名なローマのスペイン広場は階段が広場だが、それはもちろん階段の上の教会の前庭でもある。ヴェネツィアのサン・マルコ広場もサン・マルコ寺院の前庭で、広場のぐるりがアーケードのようになっていて、夜は格子戸が閉められる。パリのパレ・ロワイヤル広場は完全に閉ざされた広場で、入り口は厳重な格子で、ぐるりはアーケードで、修道院の中庭と同じものだ。そのぐるりの建物の一部にかつて王妃の住まいがあったというのでパレ・ロワイヤルと呼ぶ。それはマレー地区のヴォージュ広場でも同

パリのオペラ座ガルニエ宮の階段

じで、やはりぐるりはアーケードで、上のほうに王妃か誰かが住んでいたというのである。本当の王宮はパリではルーヴルだったが、これも「コ」の字になった建物が中庭を囲んでいる。今はその中庭にガラスのピラミッドが建っているが、もとは、王宮広場である。このピラミッドももちろん、その周りを十重二十重に取り巻く群集を地下のホールへ導いて、そこから三つの翼館へ振り分けてゆく装置で、ピラミッドの中の螺旋階段を含めて、やはり一種のロータリーである。

そのヨーロッパの広場を『ヨーロッパ広場紀行』の安藤直見は「劇場空間」と規定する。著者によれば「広場というのは、基本的には壁によって囲まれた場所」となる。日本では「広場」というと、なんとなくがらんとした空き地のイメージがあり、「わんぱく広場」などという名前で児童公園を指したりする。しかしヨーロッパの「広場」はぐるりを建物に囲まれた空間である。円形の広場の場合は広場に面した建物はその形に沿って湾曲する。この円形広場とそこを車で通過するためのロータリーがたくさんあると、AからBまでまっすぐ行こうと思っても、広場を通るたびに何度もロータリーを旋回しなければならない。ぐるぐると回りながら人々が行き交うのである。市の外周道

十七世紀のヴェルサイユ宮庭園の図
ヴェルサイユ宮殿美術館

路も同じで、パリでは小環状線と大環状線がある。もちろんこの環状道路からの出方もロータリーの出方と同じで、出口が近づくと、外側の出口車線へ移動して自然に外へ流れてゆく。どこでも高速道路の出入りが要するにロータリー式なのである。また形状的にも高速からの出口は螺旋状の輪を描くことが多い。ロータリーや高速道路を使っての移動ではまっすぐの方向への移動でもぐるぐると旋回するのである。円形の高層の駐車場などもぐるぐると回りながら空きスペースを探すのは、日本でも同じだろう。

　ロータリー方式の都市は、本来、領主の城館がロータリーの中にあって、そこから放射状に街路が出ていて、領主が城の天主へ上れば、領内の動静が一挙に見渡せる構造だったが、円形の刑務所があって、中央広場にあたるところに望楼があって、ぐるりに円形に配置された部屋を見渡すようになっているものもある。劇場とは逆の発想だが、管理のための円形構造なのである。

　広場を建物に囲まれた中庭であるとすると、城館の庭でよく見られる幾何学庭園や迷路は、やはりヨーロッパ独特のものだろうが[50]、これも建物の中のホールやサロンのようなものとも見られる。ヴェルサイユの庭などだと、大噴水の周りがひとつの円形広場になっていて、そこから放射状に通路が出ている。

　庭園についてフランス式、イタリア式、英国式とあるが、それより庭園が「みやびな宴」にモチーフを提供したというほうが大きいだろう。本来の森でも狩猟場として整備されており、宮廷の男女は馬車に乗って出かけていった。そして狩りの鹿はそっちのけで男女のひそかな語らいに時を忘れたのである。「みやびな宴」のテーマを借用して《草上の昼食》を描いたマネが公序良俗を乱すとして攻撃された。つまり室内で裸の女を前にして酒を飲んでもどうということはないが、それを森でやってはいけないというのだろう。ヴェルサイユのころ、つまりワトーやフラゴナールが「艶なる宴」を描いたころも、本来家の中でやるべき宴を森や林苑でおこなっているかのように描いたのだが、このような風俗はかなり実際にも見かけるものだった。つまり森にしても庭にしても城や家の延長だったのだ。少なくとも都会では広場は家の中庭であり、城の庭やそれに続く林苑は城の一部だった。庭には東屋を建てたり、緑のトンネルをつくったりして、恋人たちが睦言をかわすのにふさわしいようにしつらえられていた。中世以来、閉ざされた庭は官能の庭で、そこには噴水と泉水があり、男女がそこで水浴をし、音楽を奏で、まさに「艶なる宴」を繰り広げていたのである。都会の中の「閉ざされた庭」が幼い恋の緑の楽園になるというのは、ボードレールの夢想であり、ユゴーが「フイヤンチーヌの庭」として心に抱いていた思い出であり、プリュメ街の庭(『レ・ミゼラブル』)だった。またそれは、後にゾラが『ムーレ神父の罪』で「パラドゥの庭」として描く自然の楽園だった。閉ざされた庭は建物の中と同じであり、建物の中より、いっそう内密な恋の語らいにふさわしいものとされていた。(51)

そのような庭が建物と違うのは階段がないことであった。もっともカスケード式泉水を配した階段式庭園もあるし、階段状の遊歩道を旋回してゆくと天へ昇る「天門」に到着するというものもないわけではない。

2 玄関、タンパン

大きな城館では大玄関の前に車寄せがつくられていた。これも一種の螺旋階段で、歩行者は中央の階段を昇ったが、それもジグザグに昇ってゆくことも少なくなかった。ウィーンのベルベデーレ宮殿などでは丘の上の城館へ斜面の庭園を昇ってゆく階段がジグザグにつくられ、それを迂回してゆっくりと回転する車道がやはり坂を上っている。普通の城館の車寄せも門から次々に入ってくる馬車をそこで回転させて乗客を玄関で下ろし、そのあとは裏の駐車場へ格納されるようになっていた。この円形の車寄せはロータリーと同じような交通整理の機能を持っていたといってもいい。教会ではあまり丘の上に建っていることはなく、町の中では広場に面して建てられ、あるいは、教会前の広場、すなわちパルヴィスの周囲に町が形成されていたが、その教会の正面玄関にはアーチ形の洪門が同心円状にいくつもの線を描き、その柱と柱のあいだには様々な彫刻がほどこされていた。そして、その上部の欄間にあたるところをタンパン（ティンパヌム）といい、そこに栄光のキリスト像や、天国と地獄の様子などが浮彫りで彫られていた。その上に薔薇窓があるのだが、この下の玄関扉の部分も同心円状のアーチをくぐる構造だった。ただし、これはロマネスクからゴシック様式の教会の場合で、ローマなどの新古典様式では、円柱が並んでいた。そのかわりにこちらでは球形のドームがあり、天蓋を模した天井になっていた。

ゴシック建築では、たとえばパリのノートル＝ダムでは入口が三つあり、中央の身廊へ入る玄関の上に薔薇窓があり、玄関のアーチが六

シャルトル大聖堂　西正面中央扉口のタンパン彫刻　一一四五-五〇年頃

重で、そこに百体ほどの聖人が彫られ、その中にちょうど玄関扉の幅だけ半円形のタンパンがもうけられて、天へ昇る三つの層が描かれている。本書で話題にしたエデンの園の場面は西正面のマリアの像の下の円柱基部に彫られている。タンパンはロマネスク寺院でも必ずあって、こちらでは完全な半円形で描かれ天をあらわす。シャルトルでは玄関のアーチの下に聖人や古代の王や女王が描かれていて、なかでもシバの女王が名高い。これは旧約聖書の聖人、聖王たちが、信者を迎えて立ち並ぶ形である。そして上を仰ぎ見ると六層、あるいは七層の天空が見え、その上部にキリストが腕を広げて信者を迎える様子を示している。教会の門はダンテの「地獄の門」、そしてそれを具体化したロダンの彫刻とは違って、丸い天蓋をいただいていて、天国への門をあらわしているのである。オーヴェルニュのモザの扉の上には「ここに入る汝よ、天上のものに向かって上昇せよ」と刻まれているという。聖書によれば、ヨハネは「わたしは門である」という。さらにこれを入って身廊のどんづまりはやはり円形のアプスになっていて、馬杉宗夫によれば、天国をあらわすという。ロマネスクでも、鋭い尖塔のあるゴシックでも、教会は薔薇窓やタンパンやアプスの円形をもって、天をあらわしていて、玄関がすでにそこへいたる天国の門になっているのである。

ダンテの地獄の門は「ここを過ぎるものは望みを捨てよ」と書いてあり、ロダンの彫った彫刻でも地獄の光景はあまり楽しそうではない。その上のタンパンにあたるところに「考える人」が描かれているのはなぜかは議論があるが、これについては機会を改めて考えよう。そこを通ったあとダンテの地獄はよく知られているように七つの層になっていて、天国まで含めて、世界は渦を巻いている。天のほうも九つの層でこれは次第に大きくなるのかというとよくわからない。宇宙の果ては無限に広がっているようでもあるが、ダンテの想像では、その第九の天の上に神がいるのである。この神が無限大の存在で全世界を包み込んでいるのか、それとも高い天の上の玉座に座って地上を見下ろしているのか、時に一人の人間のようなものとして想像することもあれば、姿形のないもの、慈愛とか、正義とか、運命とかというような抽象観念で想像することもあり、ダンテは地獄は克明に描写したが、天界の描写はせずにすませている。確かなことは下の方向で、地獄はだんだんと狭まってゆく同心円の渦巻きで、そのどんずまりに「黙示録」なら、底なしの深淵が口を開ける。ボッティチェリが『神曲』の扉のために描いた世界図では七層の地獄と九層の天界が次第に広がってゆく巨大な独楽のように描かれている。中世の宇宙図でも、天界は九層の同心円で描かれた。そして、この世のどこかに口を開けている地獄の門をくぐれば七層の深淵に落ちてゆく。イタリアではナポリの郊外にアヴェルノという洞穴があり、それが地獄の入口だという。これはナポリへ行ったときに探してみたが見つからなかった。地獄へ行くには、まだ時がきていなかったのかもしれない。

中国では天へ昇る山に天門があり、これは一箇所ではなく、いくつかの高い山に想定されていたようだが、泰山には長い石段の果てにトンネル状の穴の空いた岩があり、それを抜けると天だという。もっとも泰山の山の中には

ボッティチェリによる『神曲』の挿絵
ヴァティカン図書館

泰山府君のいる地獄があるはずで、天へ昇るつもりで泰山へ登って天門をくぐったら、あとは地獄へまっさかさまかもしれない。しかし地獄までは行ったことがないから、これもわからない。ヨーロッパでは天の門はどこかにあるのだろうが、たいていはどこだかわからないと思われている。

3 階段

仏壇や神棚のある部屋の上に人が歩く廊下などをつくらないという日本の建物の原則は、皇居でも、大名の館でも、そもそも二階がありえないものにしていた。町屋では、通りに面して二階をつくること、特に通りを見下ろす窓をつくることはご法度だった。通りを大名行列にしろ、ただの侍にしろ通るとして、それを上から町人が見下ろすことは許されなかった。そこでところによっては虫籠窓と称して、丈の低い格子窓を作ってかろうじて明かりをとっていた。二階が禁じられているところでは、屋根裏を物置と称して、実質は二階間でありながら、階段ももうけず、梯子を跳ね上げたり、引き上げたりして二階がないかのようにしていた。あるいは姫路城などでは、敵が襲ってきたときに梯子を引き上げて、そこに人がいることを知られないようにした部屋があった。奈良の町屋で多いのは箱階段で、これを押し入れの中につくったりして、一見箪笥のように見えながら、実は段段になっていてそこを昇って二階へゆくようになっていたが、普段は襖を閉めて階段を見えなくしていた。階段は隠すものだったのである。ヨーロッパの城館のゆったりとした階段、そこを長い裾をひいて貴婦人が下りてくる緩やかなカーブのスロープなど日本にはなかった。山寺の石段はあったが、ある種の試練や修行の場であって、苦労して上ることに意味があり、緩いスロープの「女坂」を回ったのでは参拝の意味をなさないともされていた。快適さ、豪華さ、人と人との出会いの場、などというヨーロッパの階段の思想は日本にはなかったのである。エヴリーヌ・ペレ＝クリスタンが「生活のリズムをもたらすもの、町と町をつなぐもの、出会いのドラマを演出する劇場」（『階段』）といった場所として階段を定義するのはまさにヨーロッパならではなのである。

確かに日本には山寺の石段はある。中国ではもっと壮大な石段もある。この種の石段を昇ってゆく山寺というものはヨーロッパにはない。ギリシアのアトスのように絶壁の上の修道院とか、ピュイ・ド・ドームの聖母像のように岩山の上に建っていて、そこまで螺旋状の山道を登ってゆくというのはあるが、教会はふつう町の中にある。スペイン広場のように教会前の広場が階段になったものはあるが、日本の山寺のように、参拝道として石段があるというわけではない。広場がギリシアの円形劇場のように斜面になっているだけである。エピダウロスの円形古代劇場のようなところの丘の上に教会があると考えればいい。あるいはコロセウムその他、あらゆる円形競技場、円形劇場、そして円形の階段教室など、人があつまる場所の思想として階段に囲まれたすり鉢の底に演者あるいは弁論家が立って、すり鉢の上辺へ向かって声を張り上げるというのが、ヨーロッパの演劇や政治の原型だというなら、ヨーロッパの公衆文化とは階段の文化だったのである。

エピダウロスの円形劇場

もうひとつは川岸から川べりへ下りてゆく階段が百メートルも二百メートルもの幅を持っていて、階段というより、段段の沐浴場（ガンジスの岸辺にそんな光景がある）のようなところもある。これも一種の広場であり、船がつく桟橋でもある。

家屋でも階段状の町につくられた家屋では玄関を入ると上へゆく階段と下へおりる階段があって、上と下から家の主人が、あるいは主婦が顔を出すということがある。ローマの共同住宅でもパティオを囲んで回廊が幾層にも重なっていて、主婦たちが吹き抜けの回廊へ出て上下で井戸端会議をする。隣の家というのが階段を上がった隣なのである。坂のある町、階段のある町では、隣の家へゆくのに外の階段を下りてゆく。平地なら玄関を出て、通りを通って隣へ行くところを坂道の町では階段を通って隣へ行く。そこでは人の出入りもダイナミックである。

パリの場末の安ホテルでは、トイレが部屋についていないかわりに階段の途中についている。ホテルではなく、ふつうの共同住宅でもそうである。トイレへ行くのに階段を上ったり下りたりする。水が漏れても階段室ならさして問題にはならない。上の部屋で水を漏らして、それが下の階の寝室へ漏れたら、夜中に洪水の夢を見て目を覚ますことになるし、下の階が台所だった

ライデン大学の円形劇場型解剖教室
十六〜十七世紀

ら、トイレの水漏れはあまり歓迎されない。階段の途中にトイレが作られているのは、だからというのではなく、本来、個別のトイレなどない建物だったのが、それでは不便だというので、共用部分の、かろうじてスペースを取れるところにトイレをつくったのである。階段の途中というのは、螺旋階段の回っている下の階段の上の空間である。

階段の下に書斎をつくるというのがよくある形で、レンブラントの絵にもある。螺旋階段の下に机を置いて、反対側の小さな灯り取り窓から外光を取り入れて禿げ頭の哲学者が本を読んでいる。全体が巻貝の中のような雰囲気の螺旋の世界だ。螺旋階段ではなくとも、階段下スペースは、まずトイレになり、これは座る位置には高さがいらず、だんだん天井が高くなってゆくほうを立位の場所にすればいいのである。机と椅子でも同じことで、階段下は座る場所としてはふさわしい。天井が斜めになって屋根裏のような感じがするが、階段幅だけで、その外は上まで空いているし、あるいは吹き抜けになっている。いらないところはある程度まではぶき、無駄な空間をなくして、その下にいるものに安心感を与えるほうがいい。階段下はある意味でそれにふさわしいのである。いつも座っているなら階段下の斜めのスペースでも有効に使える。その階段も閉鎖的なものではなく、たとえば、上がり口も室内

レンブラント《瞑想する哲学者》
一六三二年　ルーヴル美術館

のほうに曲がっていて、室内を見ながら昇ってゆくものであれば、上り口のカーブと、最後の手すりの渦巻き模様《ヴォリュート》などがその空間に開かれた感じを与える。

階段の段段に本棚を乗せて、上り下りしながら本を探せる図書館もある。逆に階段室ではなく吹き抜けのホールで、ずっと上まで高い書棚を巡らせて、スライド式の階段を書棚の前においてあるところもある。平面式の図書館で、開架の書棚がずっと並んでいる場合は圧迫感があるが、そこにちょっとしたステップがあって、上り下りしていたり、あるところでは水平ではなく垂直式の配列になっていたりすると変化があって、単調さが破られる。ステップは車椅子などだと問題だが、そのあたりの処理はスロープでもエレベーターでもなんとでもなる。書架を見てゆくのでも、高層ビルの窓ガラスふき用のキャビンのような簡易エレベーターがあれば、上下に配列された本をキャビンを移動しながら見てゆくことができる。

別に図書館でなくともいいのだが、劇場でも日本では少なくとも江戸時代までは平土間式で、高い舞台を下から仰ぎ見ていたが、ヨーロッパはギリシアの古代劇場からそうであることはすでに見たように、階段状になっていて、観客が上から下の舞台を見おろす。オペラ座などでは平土間の座席がだんだんせり上がって、壁になると、今度はその壁をはいのぼって、二階席、三階席、四階席になり、最後は「天井桟敷」になる。観客が縦に積み重ねられる構造で、これは円形劇場や階段教室の発想から出ているのである。下の階に知人がいればもちろん、階段を降りて会いに行く。休憩時間にも外部ホールで上下の人の動きがうまれる。その上下の階をつなぐのが階段だが、パリの旧オペラ（ガルニエ宮）に見るように、これが一方向的な一直線の階段ではなく、階段をひとつ上がった先が二つ三つに分かれ、上り下りするようになっていて、二A、三B、一Dなどへ分かれて人が流れる。踊り場には上下からの客が交錯する。

教室でも階段式、劇場でも階段式なら、図書館だって階段式であってもいい。牢獄についてもピラネージは階段式に入り組んだ立体迷路の牢獄を想像したが、住まいでも独房でもA階段の中階左とか、B階段の二階右などという立体式の配列になっていて、上下で行き来するものも、前に見たローマの共同住宅などの例でもわかるとおり、必ずしも珍しくはない。ふつうのアパートの場合でも、パリではたいてい、「A階段六階、右」などといった言い方をして、住居を特定する。日本式に廊下があってそこに平面的に部屋が並んでいるという共同住宅がむしろ珍しい。

空港もたいてい立体式で、日本の成田でも関空でもみな国内、国際、出発、到着などが階によって分かれている。これが少し昔の空港だと、国内線のターミナルがあって、その先に国際線のターミナルがあり、それぞれ到着と出発のゲートが平面状に分かれていた。

鉄道の駅では線路をまたぐために、たいてい通路が地下か高架になっていて、その共通のホールからめざすホームへ降りたり、昇ったりする。これも昔は、平面で、電車がこないかどうか確かめて踏切を渡って別なホームへ行ったのである。

鉄道の駅が高架、ないし地下式になっていることは、線路をまたいで歩かないという意味でわかるが、飛行場の場合はよくわからない。

飛行機は線路にあたるところは旅客は立ち入れない。ターミナルビルから乗り込む。地方空港ではターミナルビルも一階建てで、平面式が多く、チェックイン後、そのまま地上を歩いて飛行機まで移動してタラップから乗り込む。この飛行機へ乗り込むタラップ、すなわち移動式階段が一時は飛行機の象徴的存在だったが、今はハブターミナルではほとんどがターミナルビルから伸びた伸縮性の通路で機内に入り、また機内から出てくる。その搭乗ゲートの位置が乗り降りの標準となっているから、そこまで階段を昇ってゆくことが多い。階段を昇って飛行機に乗るのである。これが少し大きな空港になると、まず国内と国外がフロアが分かれている。また到着と出発が違うフロアで、おおむね四フロアある。さらにこのあと、シャトルが走っていて、搭乗ターミナルまで乗ってゆくこともある。しかし、それまでは、行く先別、出発到着別にフロアが分かれており、関西空港だと、外国への出国は四階である。到着は一階だが、そこから鉄道に乗るのにエスカレーターに乗らなければならない。成田だと三階が出国審査、四階が出国、一階が到着、二階が入国審査である。太宰治が都会の地下鉄は登ったり降りたりして遊ぶために造られた遊園地のような装置だと思ったというが、飛行場も昔なら平地に飛行機が着き、平地から乗り込んだものを今は立体的なビルで行く先別に分けられて階段あるいはエスカレーターを上ったり下りたりして振り分けられている。これは日本でも外国でもほぼ同じだが、鉄道のターミナルではいまだに二十本、三十本とあるホームに列車が入ってきて、それを電光表示板で番号を確かめて乗るのである。鉄道でも新宿の私鉄駅などでは急行・特急や各駅停車を階層で分けているし、パリの北駅やモンパルナス駅なども長距離列車のホームと地下鉄のホーム、それに近距離列車のホームがそれぞれ階を変えている。要するに劇場の観客でも列車の乗客でも、飛行機の乗客でも、行く先別、種別に振り分けるのを階段を使い、立体ビルで垂直に仕分けるという思想は階段教室型の円形劇場からきている。

デパートなどの売り場の仕分けもたいてい階でおこなっている。これはパリでは以前は建物が違って、紳士服の店と婦人服の店が同じデパートでも棟が違っていたものだが、今は一つの建物のなかで階で商品の種別を分けるほうが多くなっている。そしてその内部が吹き抜けになっていて、そこを大きな螺旋階段が回っている。これは、デパートというものがそういうものだと思っている人にとっては少しも不思議ではないが、店というものが昔の市場から発達したもので、商店街などでも、一階を店舗にした店が連なるのが普通であることを考えると、階を積み重ねる思想は異質である。広場に開かれる市も、隊商宿の市も平面に展開するのが普通で、二階建て、三階建ての市場というものは想像もしがたい。人間が住むのでも、人の上に誰かが寝、さらにその上にも知らない人が寝ているというのは考えてみれば不気味である。複数階の共同住宅は日本には昔はなく、東南アジアでも少なかったろう。中国では例の客家円楼が三階建てくらいだが、少なくとも昔は複層階の建物は多くなかった。インドは知らないが、アラビアには何階にもなる共同住宅はあったらしい。日乾煉瓦を積んだだけだからいつ崩れるかわからないし、なかば崩れたものはそのまま放置されて、岩肌に同一化し、岩窟住宅と変わらなくなっている。木造であれ、石造りであれ、堅固な高層住宅はヨーロッパ特有のものだった。そして階段がそこでの上下の交通手段というだけではなく、生活のアクセサリーであり、リズムだった。その多くは螺旋階段であり、城館のホールから上階へあがる大階段などは吹き抜けでゆったりと湾曲していた。まれにまっすぐな階段があっても、その上がり口はたいてい部屋の内部へ湾曲していて、その端の手すりは渦巻《ヴォリュート》きになっていた。

階段の手すりの端の渦巻き

庭自体が階段でそこを歩いていると天へ昇るというのはこの世ではまだ実現はできないが、建物自体が階段で天をめざすというのはサマラのミナレットやバベルの塔で、普通のヨーロッパの聖堂で鐘塔へ昇る螺旋階段がやはり天へ昇る装置であることは、たとえば、ローマのサン＝ピエトロのドームへ上がる螺旋階段でも見られることだ。階段を昇り詰めるとそこは屋根の上で一種の天界である。

すでに述べたが、階段を幾重にもしつらえた高層建築をもって都市をつくっていたヨーロッパでは階段のない住居はなく、平屋建てであっても地下室と屋根裏があるのがふつうで、屋根裏にも地下室へも階段で通じていた。

いずれにしても階段、とりわけ螺旋階段が天へ向かうものであること、そしてそれがヨーロッパの建築のひとつの特徴であることは確かである。現在でこそ高さ世界一の高層ビルがひしめくアジアでも昔は階段のある住居はまれだった。個人の住宅はたいていは平屋で、城砦や宮殿などでまれに複数の階がつくられていた。アラビアでは昔から高層建築があったが、アフリカ、シベリア、オセアニアでは建物は平屋が基本で、階段という装置がなかったのである。アジアでも山の上の寺院へ登る石段はあっても、家屋の中の階段はまれだった。屋根裏の納屋へ上がる梯子などがあっても、建築の目玉として、玄関ホールからゆったりとした曲線を描いて上階へ昇ってゆく階段はまさにヨーロッパの建築様式の特徴だった。日本のように、仏壇、神棚などの上に上階をつくらず、もしその上を人が歩いたら罰当たりだなどという観念はもちろんヨーロッパではなかった。それより都市の構造がヨーロッパではどんなに土地の広いところでも階を積み重ねて住む形を要求していたので

ある。(52)

そもそも人が集まって形成した形が円形競技場であれ、円形劇場であれ、円いと同時に階段式で、立体的だったのである。広場がそもそも階段だった。ギリシアの場合には日本と同じく土地が狭く、人が集まる広場でも水平面を大きく取ることが難しかったという事情はあるだろう。しかしそれでも、擂り鉢状の広場に人々が集まって議論をかわすのが、ギリシアの、そしてヨーロッパの民主主義の形だったのである。擂り鉢の下に立って階段席の上のほうへ向かって意見を述べるものは、民衆の意に反する意見を述べれば、ただちに議場の上のほうから石であれ、腐った卵であれ、どんなものでも投げつけられる覚悟をしていなければならなかった。擂り鉢の底のデマゴーグはいないのである。

それに平地だったら集団の後ろのほうでは前が見えない。民主主義ではなく独裁者が発言をしてリードしてゆくタイプの集会なら、その独裁者がひとりで、演壇に上ればいい。それに対して誰かが民衆を見下ろす形を嫌う民主主義では円形の階段状の座席に全員が座って、顔を見せ合って討議する。階段教室は日本でもあるが、だいたいはゆるい傾斜で、また四角い部屋である。それに対して、ヨーロッパのそれは、擂り鉢状の教室で、上のほうから教壇を見ると、見下ろすような感じになる。傾斜がきつく、角度がかなり急なのである。議場、劇場が高度差のある建造物であるのがヨーロッパの文化の形である。

これが住宅になると都市型住宅は積層化して、特に南ヨーロッパでは中庭を囲んで回廊が何階にも重なって、どこかの回廊に顔を出して叫べば全住民が反応する。中庭に井戸がある場合はまさに積層タイプの井戸端会議が開かれる。ひとつの階に十戸くらいの住居があって、それが中庭を囲む形で五階になっていれば、中庭の井戸から叫べば五十戸の家から人々が顔を出す。並列型の共同住宅ではそうはいかないし、水平に並んだ戸建の町ではさらに不可能である。何か問題があれば、みんなが中庭に面した回廊に顔を出して喧喧諤諤の立体的な議論をする。円形劇場での議論と同じである。

これは南ヨーロッパだけではなく、アラビアの隊商宿などでも見られた構造である。そもそもアラビアでも裕福な人々の住まいは上階を持っていることが多かった。また五、六層の集合住宅もあった。しかしそれでも階段が建物の顔であるというのはヨーロッパだけだった。世界では高床式の住居や、樹上住宅、水上住宅などもあり、梯子はどこでも使われていたが、単に上へ昇るだけの、おおむね仮設の装置で、建造物ではない。そのような梯子ではなく、建築そのものとして広い装飾的な階段が作られ、石や木の立体的な建築が階段を主要な構成要素としてつくられたのがヨーロッパである。ほかの地域では土や日干し煉瓦が主たる材料であり、あるいは折畳式のテントであり、さらには雪や氷の季節ごとにつくる家で、それらには階段はなかったのである。アンコールワットなどを見ると目もくらむような急な石段が高い塔の下まで刻まれているが、石を積んでできた形で、特に階段として作られたものではない。ピラミッドが巨大な階段であるといっても、住まいの中の階段とは異なっているようなものだ。

それにヨーロッパの家屋や城館の階段は手すりの柱に木や石や鉄の意匠がこらされ、また階段そのものの形にも優雅な曲線がいかされている。塔に昇る急な螺旋階段とはちがって、玄関ホールの中央に配された階段はそこから主が客人に挨拶をするテラスであり、あるいは舞台だった。また広い階段はときに馬のままでのぼることもできるようなゆるくひろいステップで踊り場があり、たいてい壁も天井もなく開放的なふきぬけで各階のホールにつづく空間になっていた。パリのオペラ座（ガルニエ宮）の中央階段はひとが衣装をみせびらかす場所として設計された。あるいは階段は「出会いの場」だった。[53] 新しいバスティーユのオペラ座では、外部に大階段をつくったが、そこが、待ち合わせや、あるいは時間つぶしの場所になった。

そこで優雅な曲線をえがく住宅の階段、その究極の形としての螺旋階段、それも狭い塔屋を昇ってゆく中心軸に沿った螺旋と広い外壁に沿って回ってゆく螺旋があり、ローマのサン＝ピエトロの螺旋階段は後者であり、ロンドン市庁舎の見物人通路の螺旋階段もそのひとつだろう。[54] どちらの形でもこの螺旋階段は階段の発達した地域でもヨーロッパ以外では以前はまったく見られないものだった。あえて言えば、アラビア地域で、サマラのミナレットのように外周を旋回しながら昇ってゆく螺旋階段が見られ、ほかにもミナレット内部の階段が螺旋階段であることが多かった。しかしこれが住居に使われることはアラビアでは少なかったと思われる。

風車小屋などでも中には螺旋階段がつくられているが、風車の回転とそれは連動しているといってもよかった。風車小屋自体が風の向きに合わせて回転する構造のものもあった。ロシアの民話に出てくる魔女バーバ・ヤーガ（ヤガー）の住まいは鶏の脚の上に建っていて、くるくると回転するという。

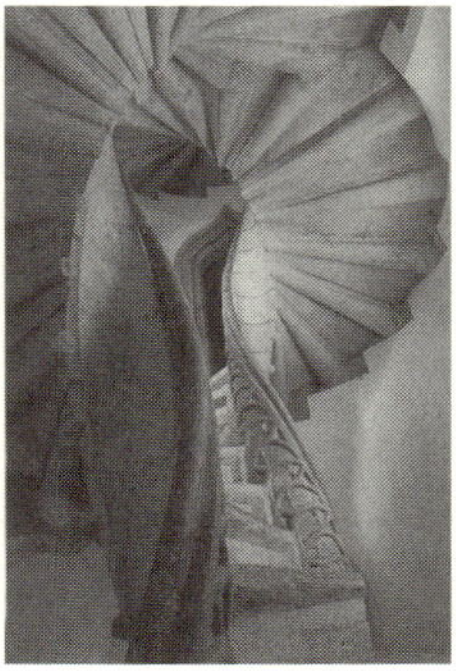

右：
二つの螺旋が絡み合ったゴシック建築の階段
オーストリア、グラーツのマクシミリアン1世の居城
左：
バベルの塔
『ベッドフォード公の祈禱書』（1423年頃）より

こんなものの中に入って住まなくともいいとも思われるが、平地に三部屋か四部屋を並べた家屋に住むより、縦に二、三室をとった風車小屋のほうがいいという人もいたのである。上へ昇ると眺めもいい。ドーデはプロヴァンスで、使われなくなった風車小屋を買って、そこを住まいにしたという設定で『風車小屋だより』を書いた[55]。また、上下に別れた部屋はそれぞれ独立性を保っていて、同じ平面に隣り合う部屋より切り離されている。消防署はたいてい二階建てで、緊急出動の際は上階から柱をつたって滑り降りる。平面式より出動に要する時間が短いのである。階段は上るだけではなく、降りるためにも使われるが、消防署の例のように、降りるときは別な手段を用いるものもある。滑り台の階段なども同じで、その場合踏み段式の階段は上り専用になる。プールや遊園地などで、この滑り台が螺旋を描いているものがよくある。ロンドンの動物園では螺旋の滑り台風の造形にペンギンの人形を配置している。

　階段が果てしなく続く悪夢はもちろんピラネージの世界である。彼の《牢獄》はどこにもない牢獄だが、彼にとってはそれ

こそがローマだった。もっともこれは一般に果てしない階段の迷路と見なされているが、八枚目などは階段はほとんどなく、空中の通路と滑車で吊された跳ね橋である。九枚目の場合は梯子であとはやはり巨大なアーチの上の角を渡る通路が画面の中央上に見られるほかは、かなり重厚な石の階段が画面下半分のアーチの上を渡っているくらいである。七枚目は跳ね橋で、もっとも奥の円柱を螺旋階段が巡っているがこれはどこへゆく階段かわからない。どうやらそれを登り詰めると円柱の上でそこから六本の空中通路が出ているようだ。跳ね橋にしても空中通路にしても堅固な構築物の上に作られたものではなく、空中に渡されたものであり、あるいはまさに跳ね橋で跳ね上げられていたりする。これは牢獄というよりは、牢獄でもあったロンドン塔の幻想とも思ったほうがいいかもしれない。もっとも有名な《多様な構造と配置による荘重なアーチ》でも、階段は構造から構造への通路でしかない。

彼の《ローマの壮麗と建築》ではギリシア風円柱の比例を取り上げた図版で、奥のほうにおそらくベルニーニのソロモン柱があるのが注意される。

教会の鐘塔などへ昇るものは別にして、家屋の中の螺旋階段は単に場所を取らないとか、階のない塔屋などで、連続的に昇ってゆく必要があるからというよりは、たぶんに美的感覚から選ばれたものだった。スペースに不足のない城館などでも、玄関ホールに入ると上の階に通ずる広い階段がゆっくりとカーブを描いている。螺旋階段ではなくとも、直線と直角で階段が構成されるのではなく、玄関から自然に上へ昇っていけるように曲線を描いているのだ。ルーヴルのガラス

右：
ピラネージ《牢獄》第7図
1760年
左：
ピラネージ《ローマの壮麗と建築》より

のピラミッドを降りてゆく螺旋階段も下の広いホールへ、その全体を見渡しながら入ってゆく装置で、大勢の入場者を短時間で処理するなら、まっすぐの階段でもよかった。普通の住宅でも、玄関ホールにゆったりとしたカーブを描く階段があるとゆとりが感じられ、その階段の上のほうに姿をあらわしたその家の主人と、玄関に入った来訪者がそこからすでに挨拶をかわすのである。これが平面だったら、長い廊下の奥からやってくる主人の姿をはるかかなたに認めながら、いつまでも居心地の悪さを覚えなければならないし、まっすぐの階段であれば、上階とホールとがむしろその階段という通路で切り離されているように感じる。

リビングでも、その中央に螺旋階段があれば、吹き抜けの上の階と下のリビングがひとつの空間になっていて、その螺旋階段を降りてくるその家の女主人の姿を前後左右ぐるりと眺めることができる。

レンブラントの描いた「哲学者」は螺旋階段によって構成された巻貝のような形のなかに座っていて、一種の胎内で、生まれ出る思考が熟成されているような印象さえ醸し出される。屋根裏の思想があり、地下室の思想があるように、螺旋階段の下の思想があるのである。

4 トイレと寝台・家具

ヨーロッパ式トイレはヨーロッパ全域に広まっており、腰掛け式でないものをトルコ式などといって区別する。座式便器はビデとともにヨーロッパの発明なのである。そもそもはトイレのないヴェルサイユなどで、国王が使った穴空き椅子が最初だった。[56] あるいは室内便器が発達した。ヨーロッパでも農村ではそうだったが、宮廷文化は万事、楽をしようというので、本来、室内でするべきものでなかった排泄行為もサロンで座りながらすませようと思ったのである。ちなみにヴェルサイユにトイレがなかったというのは伝説で、事実ではないといわれるが、誰でも使える公衆用のトイレはなかった。また部屋としてのトイレは設置されていなかった。サロンで穴空き椅子にしろ、室内便器にしろ、そういったものを使えるのは主人側の貴顕淑女だけで、よそものや、使用人は外でしたのである。パリなどの都会でも外へゆくかわりに室内でおまる状の壺にするようになり、それを窓から街路へ捨てたのである。でなければ、その街路へ出て用をたした。したがって、パリの街路は下水と同じだったといい、汚物の上を歩くのを避けるためには馬車に乗なければならなかった。

かつてパリの市内には「エスカルゴ」と称したカタツムリ形の公衆便所が置かれていたが、近年はほとんど撤去されてキャビン型の有料トイレになった。それが今の社会党の市長になって全部無料になった。楕円形で、ボタンを押すとカーブしたドアが開き、中へ入ると閉まるようになっている。毎日、専用の洗浄車で巡回して洗い流しているので、かなり清潔である。密閉式なのでいささか空気が悪いが、中の形は半円形である。昔の「エスカルゴ」の思い出をとどめているのかもしれない。中はあまり広くはないが、列車のトイレなどを考えればそんなものかとも思われる。それに何よりキャビネット内部が半円形で、人間の体の形に合わせてあるせいか、かなりの巨漢でもさして不自由はしないようである。もちろん中へ入って一回転して用を済ませて出てくる。排泄も回転するのである。(57)

トイレではないが、シャワーキャビネットなどでも円形のものがよくある。こちらはアクリルガラスなどでできていて、中へ入って円いドアを閉めると、ちょうど人一人立っていられるスペースで湯が外へ漏れないようになっている。昔の「エスカルゴ」と同じ、ある種の巻貝の中に入っているような錯覚も起きる。

公衆電話のボックスも三つか四つのキャビンが巴形に組み合わさった造形がパリではよく見られた。似たような形の椅子があり、やはり巴形、あるいはSの字形で、Sの字の場合は二人が互いに向き合う形で横になって話をするのである。巴形だと、三人がそれぞれ尻を向け合って、背中合わせになる。もちろん逆に円形にベンチがつくられていて、みんなが向かい合ってお茶を飲んだり、話をしたりするものもある。要するに椅子にしろ、電話のキャビンにしろ、並列ではなく、一極に集中し、いくつかの椅子、あるいはキャビンが渦巻きになるのである。

ヨーロッパの古い家具はルイ十四世様式とか、帝政期様式といったように、時代ごとに様式が定まっていたが、より古くはタンス、食器棚などを単に四角く作って、その両端に螺旋模様をつけるくらいが指物師の腕の振るいどころだった。これは額縁などでも同じで、ただのまっすぐな線のかわりに、唐草模様や螺旋が刻まれた。

下の左図は家具というより、建築における「人像柱《カリアティード》」だが、もちろん家具にも使われる意匠で、女神の下半身が二匹の蛇になっている。ペルガモンの神殿などに描かれた「ギガントマキア」の浮彫りに見るように、ゼウスが戦った相手の巨人たちは下半身が蛇だった。これは大地の女神ガイアの子供たちであることを示している。大地、あるいは地下世界を蛇であらわすのである。この人像柱も大地にしっか

十七世紀のキャビネット

下半身が蛇になった女神のカリアティード

りと根をおろしているというような意味を持たされている。しかしローマ郊外のチボリのエステ荘のオルガンの噴水の上部を支えているカリアティードが蛇の下半身になっているのはそれとはちょっと意味が違い、おそらくはメリュジーヌで、泉のほとりにあらわれて歌を歌う妖精である。オルガンの奏でる水の音楽が妖精の歌と一致するという意味である。

この噴水の人像柱は四本で、いずれも膝から下が蛇になってからまっている。メリュジーヌや人魚だと、ふつうはへそから下が蛇や魚になっているが、こちらは太ももまでは女体で、セックスもちゃんと彫られている。両足を広げることもできる。なお、このオルガンの噴水ではそのカリアティードの上の屋根形の6の字形の「ヴォリュート」にも注目していただきたい。これについては後に述べる。

上：
エステ荘のメリュジーヌ形人像柱とヴォリュート
下右：
ベルガモン大祭壇の浮彫りギガントマキア
下左：
取っ手に蛇がデザインされた壺

それらの棚の上に置かれる小物の家具、すなわち壺、時計などでは、蛇のデザインが好まれた。ただの壺でも金色の蛇が花綱のように取り巻いているものが少なくない。あるいは取っ手が蛇になっていたりする。宝石入れのようなものだと、蛇がからまっているのは宝の番をしているとも見られるが、この壺だと、両方の取っ手がそれぞれ二匹の蛇で、手に持ったとたんにぐにゃりと伸びてきそうだし、取っ手が蛇である必然性もない。実用性も何もないただの装飾で、下の花弁風の飾りも意味がないが、それとまったく同じく、単に飾りとして蛇が使われているのである。少なくとも蛇に対する嫌悪感などはみじんもないと見ていいだろう。

5 ひねり鐘塔

数年前フランスのアヴェロンのオブラックで毎年開かれている神話の会に招かれてパリから飛行機でロデスまでゆき、そのあと、車でオブラックの高原へ登ってゆく途中で、中世の美しい町エスパリオンを過ぎてまもなく、サン＝コームの村に入っていった。ここにちょっと見せたいものがあると、車で迎えにきてくれた主催者のフランシス・クランサックがいうので、さて、なんだろうと思っていると、さあ、あれだというのを見ると、教会の鐘塔である。それがねじれているのである。教会の前まで行ってもらって、車を降りて周りを回ってみたが、どこから見てもねじれ

フランス、ロワレ県ピュイゾー
サン＝コーム、
ノートル＝ダム教会のひねり鐘塔

ている。これが有名な「ひねり塔」というので、サン＝コームの名前を記憶にとどめ、簡単に写真を撮っておいた。やがて車は高原に入っていって、牛が草をはんでいる牧草地帯になる。ここはサン＝チャゴ・デ・コンポステラの巡礼路で、オブラックには中世の巡礼の宿泊所もある。ホテルも昔は巡礼宿だったというが、朝早く、巡礼たちの杖につけた鈴の音が聞こえる。ここからは美しい渓谷を下ってロマネスクの教会で名高いコンクの村にも連れて行ってもらった。フランスはたいていのところへ行ったつもりだったが、このあたりは初めてで、ひとしお感興も深かったが、なかでもサン＝コームのひねり塔は記憶に残った。

あとで調べてみるとヨーロッパ各地にひねり塔があって、その愛好者の組合もあるのである。だいたいはフランス、ドイツの後期ゴシックの教会で、鐘塔が螺旋を描いているのである。まず、ロマネスク様式やバロック様式では見かけないが、バロックでもひとつだけ、ローマにある。ボロミーニの手になるサンティヴォ・アラ・サピエンツァ（聖イヴォ教会）だ。しかしこれは鐘塔ではなく、ドームの上のコロネットの円天蓋がサザエ形になったものだ。そしてその上には十字をつけた玉（Orbe または globus cruciger）がついている。

それ以外ではドイツに二十一、オーストリアに七（うち六はチロル）、ベルギーに十（ほとんどリエージュ）、フランスに六十六である。あとはイギリス、デンマーク、スイスなどに二、三といったところで、ほとんどフランスの特産である。

デンマーク（コペンハーゲン）のものは四本の棒をねじり合わせたような形である。棒ではなく、竜の尻尾だという。十七世紀の作で、ラ・ブールス、あるいはボエルスス教会である。同じコペンハーゲンの聖救世主教会はローマのサン＝ティヴォを真似たというが、[58]下は四角で、その上にサザエ形の尖塔が載っている。フランスでもっともサザエ形に近いのはディネオーの教会だが、これは鐘塔ではなく、東屋のように見える。

ドイツのハイデンの村の教会は白壁に鐘塔がひとつだけのシンプルな教会で、その鐘塔がよくひねれている。これは教会ができたとき、悪魔がそれをひねりつぶそうとしてひねったのだといわれている。

だいたい、鐘塔を二つ擁した大聖堂ではなく、鐘塔ひとつが内陣の上に載った村の教会で、サン＝コームも中央にひとつだけ鐘塔をいただいた教会だが、これは山の教会などとは違って立派な町の教会だから、かなり大きな建物でどうやら十五世紀あたりの作りらしい。その鐘塔がねじれている。ねじれていても別に危なっかしい感じではなく、実によく納まっているのだが、およそ四分の一くらいだがねじれている。中はどうなっているのかわからないが、鐘塔だから、鐘があってその上はただの屋根裏だろう。

この形式が特にフランスに多いのは、いかにもフランス人のへそまがり性をあらわしている。様式としては後期ゴシックのフランボワイヤンに属するらしい。つまり、ねじれているのはフランボワイヤン、すなわち火炎の形の表現なのである。まっすぐではつまらないというより、やはり螺旋を描いて空へ昇ってゆく構造なのだろう。火炎形ゴシックでは鐘塔も透かし模様になって空へ昇る火炎をあらわす。ひねり塔では透かしではなく、塔自体が火炎をあらわしているのである。どうせなら下のほうから教会全体が火炎形になっていればいいとも思われるが、人の集まるところはそれらしく四角く作ってあり、天辺の屋根だけ火炎形にねじれて空へ向かっている。鐘も天へ向かって響かせる祈りであろう。コペンハーゲンのものなどは火炎というより蛇が絡まる形だが、それでも天へ向かう塔であり、その蛇はあたかもタイなどの寺院の屋根の棟にはっているナーガを

ブレイク
《天使の階段（ヤコブの夢）》1805年頃
大英博物館

さえ思わせる。それがまっすぐの蛇ではなく絡み合って螺旋を作っているのがまさにヨーロッパならではの形になるのである。

以上の衣食住の形をもってヨーロッパの形を求めると、頭上に渦を巻くかつら、食卓に重ねられるねじりパンや螺旋形の栓抜き、そしてベッドのコイルスプリングから始まってヨーロッパの家屋の構造を決定する螺旋階段まで、終始一貫して螺旋という形が存在するといえる。直線よりは曲線、ロココや世紀末の唐草模様、それが集約されて天へ昇る螺旋の形になるのである。衣食住ではないが、螺旋階段をもっとも印象的に描いたブレイクの《天使の階段（ヤコブの夢）》をあげておこう（前頁）。ブレイクではダンテの煉獄を描いた《ベアトリーチェ》でも印象的な渦巻きが見られる。また《エデンの園》では蛇がイヴにからまっている。あるいは《キャサリン女王の夢》では魂たちが螺旋を描きながら天へ昇ってゆく様子が描かれる。確かに彼は渦巻きに取り憑かれた画家だった。

ブレイク
《キャサリン女王の夢》1807年
ケンブリッジ、フィッツウィリアム美術館

第四部　技術の中の形

第一章　つくる

1　回転

技術の基本は車であり、ヨーロッパはすでに述べたとおり、基本的に車両文化である。しかしその車輪も単に定位置で回転するだけではなく、プロペラであれば空へ舞い上がり、工作機械であれば複雑な8の字を描きながらネジや歯車をつくってゆく。繊維、鉄鋼、農耕が人類の三大技術で、いずれもユーラシア全域に広まったグローバルな技術だが、繊維技術が糸かせぎから織物、そして縫製にいたったとき、ヨーロッパではまさに「機械《マシーン》」という名前の装置、すなわちミシンが発明され、農耕ではユーラシア全域に広まった犂がヨーロッパでは車つきの装置になった。それがもちろん、トラクター、コンバインなどの原動機つき農作業車になったが、これらがアメリカそして後には日本の特産品となる前は農作業機械としてはヨーロッパが機械化の先鞭をつけた。製鉄はアフリカが最初だというが、高炉とコークスによる精錬はヨーロッパの産業革命の産物である。世紀末の唐草模様の鋳物はその成果である。そして金属工業は欧米において驚異的な発達をとげ、あらゆるものが金属でつくられるようになり、とりわけ、高精度の工作機械やそれによって作り出された工具などが世界をリードしてきた。鉄道、船舶、航空機が宇宙ロケットまで含めて、ヨーロッパの金属技術の精華として世界に誇ったのである。結局それは車の発明から発達した車両文化の極致であり、車輪を回すことが地球上の二次元の世界だけでなく立体的な空間へ伸びていった結果であった。すなわち、回転する車輪が次々に歯車やベルトで連結した車を回し、ものをつくりだし、そうやってつくりだされたものや、人を天にまで昇らせていったのである。

そのヨーロッパのものづくりの基本はネジであり、ネジ回しである。ものを叩き込むかわりにねじ込んでとめることは、金属加工製品の製造になくてはならないものだった。木材だけなら釘で打てばよかった。金属ではボルトとナット（ネジ）でとめなければならなかった。焼き物のろくろも金属工作の旋盤も要するに回転機械である。そこでものをつくる基本的な装置としてのネジが作られる。

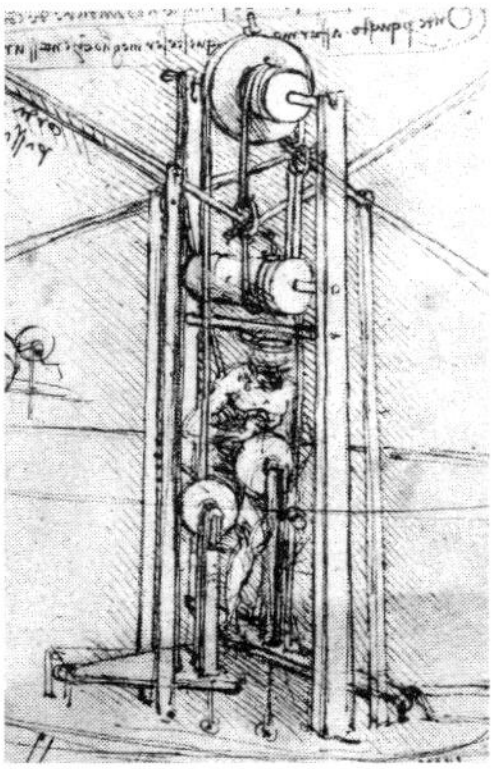

レオナルド・ダ・ヴィンチによる滑車を用いた機械

これは繊維を縫製するミシンでも、あるいは練り粉をひねりパスタに加工する機械にしても同じことで、ネジや金属パイプをつくる技術とホース形マカロニを押し出す原理は同じだったのである。ほかの地域、ことに日本ではまずネジ、それも特に雌ネジがつくれなかったが、ネジだけではなく、ピアノ線もできなかったし、ただの針金もかなり時代を下らないとできなかった。またガラス技術はあったが、板ガラスはできなかった。板ガラスも鋼板も溶けた素材をローラーを通すことによってつくられたので、車両文化のひとつである。

金属を溶かして砂の鋳型に流し込んでさまざまな形を整形することは金属精錬をしていた文化ではどこでもやっていた。ただ針金の製作はかなり高度の工業技術を持っていないとできなかった。日本の江戸時代のたたら製鉄の次の段階の工程を描いた絵図などではまず線材を叩きだして、それを螺旋にして、それを鋼板の穴を通してろくろで引き出して針金として心材に巻き取ってゆく工程が描かれている。これは、ヨーロッパでも、引き出すのにもう少し機械的な動力を用いていても、要は螺旋状の線材をつくりだすことであり、針金も螺旋だったのである。

相手が土であれば、作業は手で泥をこねるような部分が大きくなっただろうが、焼物でもろくろが使われたのはどこでも同じながら、ヨーロッパではずみ車が使われ、さらに足けりろくろが普及した。昔の足踏みミシンのようなものがろくろでも、あるいは糸くりでも使われたのである。

もっとも、水田のなかったヨーロッパでは農民が泥をこねていろいろな

十五世紀の足踏みろくろ

形をつくりだす機会はそう多くなかった。畑を耕すのでも牛がひく犂はかたい地面を走るために車がつけられていた。すべての機械に車が使われていた。また、脱穀・製粉は水車の回転を笠歯車で水平の回転に変え、石盤をすりあわせておこなわれた。また、葡萄はプレスでつぶされたが、桶の蓋を、レバーを回転させながら下に押し下げる装置は回転運動を上下運動に変えるものであり、この装置が後に印刷術の発明につながった。活字や活版の原理は中国で知られていたが、プレスを使うことで、複製がすばやく確実にできるようになったのである。

　押しつぶす、すりあわせる、回転しながらすりつぶす、ローラーを通して平板をつくる、ろくろを回転させて丸い器をつくる、いずれも回転運動でおこなわれた。もうひとつは水車でも、縦方向の回転運動を水平の回転に変えて磨り臼をすりあわせるように、運動方向の転換が各種の機械装置で見られた。多くは縦の力を横にするために三角ギア、すなわち円錐形の笠歯車を用いた。もちろん平板の歯車を二枚直角に噛み合わせても運動方向の変換はできるが、もっとも円滑に、力のロスを少なく方向を転換するのには笠歯車が不可欠だった。そしてこの笠歯車の歯は斜め、あるいは螺旋形に刻まれるとよりいっそう、うまくかみ合ったのである。螺旋は回転する三角だったが、その三角に螺旋の溝を刻んだ「曲がり歯笠歯車」はある意味で三角と螺旋の文化の極致とも見られる。これはもちろん、後には自動車や船舶の駆動装置に利用される。

十六世紀後半の印刷所

2 ネジ回し

まっすぐでいいものをなぜぐるぐると回るのだろうか。階段の場合は直登だと疲れるので、ぐるぐるでも回ってゆくほうが楽である。斜面の論理で、ネジは回転した三角形である。必ずしも螺旋でなくともいいが、狭いところでは螺旋になる。狭い円筒のなかだったら直登は梯子か、煙突についている足場のようなものをよじ昇ってゆくかで、これは大変である（ネルヴァルの『オーレリア』で「高い塔を上ったり下りたりしていた」とあるのを、今まで気がつかなかったが、塔であれば、これは螺旋階段である。上り下りという垂直の動きより、ぐるぐると旋回しているのである。これはぐるぐる回って目が回るような感覚、すなわち錯乱に違いない）。

ネジとしての螺旋はそれと同じで、より少ない力で圧迫力を加えて、ものを接着しているのである。叩き込むかわりにねじ込んでいるが、これは逆に回せばはずれるので、叩き込んだ場合ははずすには壊す以外にないのに比べればずっとましである。組み立てと、解体が楽だということだ。鉄版を接合するのでも、木材の接合でもネジが有効であり、鉄の場合にはボルト・ナットとなるが、原理は同じである。石材でもアンカーボルトで押さえることがある。コンクリートの壁に棚をつけるときなどはねじこむと先の座金が広がって固定するネジを使う。つまり木でも金でも石でもネジが有効だということだ。ネジの発明はギリシアでアルキメデスであるとも、それ以前であるともいわれる。

ネジを発明したのはアルキメデスかどうかは確かではないが、アルキメデスがネジ式の揚水機をつくったのは確かである。これはネジというより、螺旋を回転させると、そこに載ったものが前進することを利用したもので、回転による上下、あるいは前進運動の装置だから一種の車両といってもいい。揚水水車は三連水車などで日本でも九州などにあるが、水車にとりつけた柄杓が水を汲み上げるので、アルキメデスの螺旋形揚水機に比べると、水汲みという手作業と、機械との違いである。

3 バネとしての螺旋

バネは鋼鉄の反発力（弾性体の復元力）を利用したもので、形状には板バネ、コイルバネがあり、あるいは油圧バネもあるが、一般的にはコイルバネが思い浮かばれる。ただ、板バネとしては弓がそのひとつである。コイルバネでも、圧縮して反発するものと、バネばかりのように伸ばして戻るものとある。

バネの機能はショックの緩衝か、ドアの自動開閉、物体の発射などだろう。最後のものは弓で、これはコイルバネの形はあまりとらず、板バネである。開けたドアを閉めるのなどはコイルバネでもいいが、今は油圧バネが多いだろう。昔はバネといえば、圧縮して反発するコイルバネで、椅子やベッドのクッションに使われた。なぜ、椅子あるいはベッドにはスプリングが必要と思われたのかというと、これは必ずしも自明ではない。例えば、椅子でもあるいは寝床でも布団を重ねればよさそうにも思われる。特に日本のようにスプリングのついたベッドの上に布団を載せるところでは、下にスプリングが入っている理由が必ずしも明白ではない。最近は椅子でもスプリングの入った椅子は少なくなった。あえて言えば、事務椅子で、背もたれがスプリングでたおれるほかは、座面はウレタンなどを入ただけのものが多く、ソファーで今でもときおり金属のスプリングが入ったものがあるが、普遍的ではない。しかしちょっと前までは西欧の椅子は食卓椅子であってもスプリングが入っていた。現在、護謨やウレタンのマットレスでスプリングの代わりになっているものの場合は、スプリングが昔はその代わりをしていたといってもいいが、ベッドの場合は、かなり厚いウレタンのマットレスを使っても、その下にはスプリングの入った台を備えるし、マットレス自体のなかにコイルスプリングを入れているのが普通である。いったいこれは何になるのだろう。

乗り物の場合はサスペンションがないと路面の凹凸が座席にひびくだけではなく、車台が分解するおそれもある。今日の高速道路などのように平坦な表面をもった道路を走行する場合も加速、減速のさいの衝撃をサスペンションでやわらげる必要がある。サスペンション、あるいはショックアブソーバーがなければ高速走行車両はできなかったのである。日本の御所車のようなものを牛のかわりに馬がひいて走ったらどうなるかというと、百メートルも走らないうちにばらばらに分解してしまうのである。

しかしベッドや椅子ではその必要はなさそうである。これらの家具も車両の設計から想像されたのか、それとも同じような衝撃緩衝装置が必要と思われたのかだが、椅子の場合、確かに座面にはクッションを置けばいいとしても、背もたれはバネでリクライニングするほうがいい。しかし、背もたれにバネがつくようになったのは最近のもので、以前は揺り椅子などがあって、座りながら揺らすことはできたが、今はバネ式背もたれのせいで、揺り椅子はなくなった。また揺り椅子にはスプリングは使われなかった。

椅子はともかくベッドにスプリングが使われたのはその上で急激な運動をすることが想定されたからに違いない。昔の修道院の個室のベッドなどは、ただの板張りでスプリングは入っていなかったし、牢獄でも同じである。スプリングつきベッドは愛戯のための装置だった。

ぜんまいは形状としては渦巻きだが、原理はコイルバネと同じであり、ただ、圧縮や引っ張りではなく、中心から巻いていって、巻き戻す力を利用する。特に長時間にわたって巻き戻される場合に時計に使われた。機械式時計は最初は錘式、ついで振り子式、そしてぜんまい式となったが、いずれも西欧の発明だった。このぜんまい時計も二十一世紀にはほとんど過去の遺物となったが、ある時期までは時計といえばぜんまいで、これを竜頭で、あるいは錠前のようなもので巻いたものである。そして時計ではなくとも、昔は時計職人がつくった自動人形はみなぜんまいを巻いて動いた。ぜんまいという渦巻きバネが自動的に動く道具の象徴であり、あるいはその動力でいわば心臓だった。ぜんまいの形、あるいは渦巻きは日本では蚊取り線香の形だが、これは運動には結びつかなかった。からくり人形ではぜんまいが使われたが、クジラのひげなどを使ったぜんまいだった。

ちなみに三角の組み合わせによって力をずらし、方向転換しながら、均衡を保つことはゴシック建築におけるリブ・ヴォールトの支点となる「かなめ石」やフライング・バットレスの考え方の基本であり、パノフスキーによればゴシックは「平面がすべて三角形」であった。ゴシック建築はひたすら石を積んで四、五十メートルの身廊を築き、百メートルに達する尖塔を築いた。石の積み重ねが天にも届くような塔屋になるということは計算や設計の精密さも必要だったが、それ以上に、発想の転換を必要としただろう。木材を使うなら、四、五十メートルの伽藍でもさして発想の転換は必要がなかったが、石だけで、それだけの高さのものを建て、しかも屋根や天井も同じ石で組むということは、石の文化、あるいは構造計算のできる文化が必要だっただろう。

平屋の家屋を石で築くか、木で建てるかという問題ではないのである。煉瓦の場合は、木の骨組みをつくってその上に煉瓦をはりつけたが、カテドラルなどの石造建築はひたすら石だけで積み上げたのである。ただし注意をしなければならないのは、カテドラルはいかに高くとも、いわゆる高層建築ではなく、オルガンなどが上のほうに置かれていても、会衆はひたすら平土間に座っていたのであり、祭壇といってもわずか高くなっているだけで、屋根が四十メートルの高さであっても、内部は吹き抜けだったのである。僧院であれば、二階にも部屋がつくられたが、その場合は二階の床は木材の梁を使っていた。カテドラルはいかに天井が高くとも、まさに平屋だったのである。鐘楼だけ、そこへ昇って鐘を鳴らす必要から螺旋階段がつくられていたが、これも決して上階に居住部分があったのではなく、塔屋はひたすら螺旋階段がめぐっていただけだった。また、そのためにスペースをぎりぎりに小さくした螺旋階段がつくられたのであり、円筒の中に石を段段にずらしながら積んで、その段段を昇ってゆく螺旋階段になったということである。ピサの斜塔だと、一見、居住施設のように見えるが、あれも単なる鐘塔であり、石だけで組んだものだった。螺旋階段というものが石組だからこその形でもあったのである。(59)

4 木工――カンナ、ノコギリ、製材

道具ではノコギリやカンナが日本とは動かす方向が逆で、いずれも日本では手前へ引くがヨーロッパでは向こうへ押す。そのためにカンナでは丸い握りがついている。錐は歯車がついたドリルとして発達した。この種のハンドルを回す装置は台所にある挽き肉器をも思わせる。がこれも縦についた歯車をハンドルで回して、三角ギアで垂直軸の刃を水平に回転させる。刃には螺旋状の刻みが入っていて、木材などに穴をあけてゆく。日本の錐

は四角や三角の刃で、それを両手で揉んで穴をあけるが、ヨーロッパでは丸い棒の先端に刃があって、その上のほうは刃をくいこませるための螺旋になっている。この螺旋は必ずしもなくともいいのだが、ヨーロッパでは回転ということと先へ進めるということが同一の運動として認識されていたようで、木材に穴をあけるには、錐を前へ進ませなければならず、そのためには、刃の棒に螺旋を刻んでいなければならないと考えられたのである。犂でも同じで、地面を掘り返すには、犂が前進しなければならず、そのために車が必要とされたのである。それに錐の刃を回転させるのに、ハンドルを回して、歯車を回し、笠歯車でその回転の方向を水平方向に変換させるというのは、水車、風車とその磨り臼の構造で、これがヨーロッパのものづくりの基本になる。

ノコギリでも今は円盤形の電動鋸が主流になったが、これも最初は木挽き所での薄板づくりのための大型据え置き丸ノコギリとしてでてきたもので、最初の動力は水車だった。しかし直線で切断するのにノコギリを円盤にして回転させるという発想はヨーロッパの車文化のものである。その後の工作機械でも旋盤になる。すべて回転させるのである。

材木はふつうは四角く製材して組み立てたが、ねじり柱などではろくろで成形した。そもそも製材所でも最初は外皮を回転式の皮削り機で削ったのである。そして家具づくりとなると、もっぱらろくろが活躍し、したがって、ねじり柱などの造形が容易にうまれたのである。そうやって削った部材を組み合わせるのに木ネジが使われ、木ネジをはめ込む場所はあらかじめ、ドリルで穴をあけておいた。伐採、製材、木工、組み立てと、斧や金づちで打ち込む作業より、回して切り、回して穴をあけ、回してネジをしめる作業がヨーロッパの木工と大工の仕事だった。

第二章　はこぶ

輸送手段としては車、船舶、航空機が思い浮かばれるが、エレベーターの類も輸送機である。あるいはベルトコンベアーもあろう。農機具もすでにみたように車をつけて動かしていた。十九世紀には気球が発明されて空中へ昇った。

1 車

人間が移動するだけなら二本の足でもよかったし、馬にまたがってもよかった。その場合はむしろ移動用のテントや生活様式を考える必要があった。それに対して、物を移動させる場合、原則として自分では動こうとしない物を載せ、水平に、あるいは垂直に移動させる手段を考えなければならなかった。商業活動は商品を広い範囲で売りさばくための輸送手段を必要とした。建築にあたっても、石や木材を遠方から運んでこなければならなかった。フランスの伝承では妖精メリュジーヌが夜毎空を飛んで遠くの山から石を運んで城を築いたと伝える。メリュジーヌは昼間は楚々たる奥方であり、夜は本来の姿である巨人になって空を飛ぶのである。そして前掛けに大石を入れて飛んでくる途中でときに落としてしまうことがあり、それがどこそこにそそりたつ岩山の起源であるといったりする。このような「空輪」はかつては物語の世界だけの話だった。現実には多くは車に乗せ、牛にひかせたのである。あるいは筏を組んで川に流した。さらにはケーブルで吊して谷を渡し、滑車で吊り上げもした。その多くは車や滑車の利用であり、あるいは水流の利用だったが、水の流れは水車では回転運動をつくりだし、製材所ののこぎりの動力にもなった。水の流れと陸上の車とが二つの主要な輸送手段だったが、水を利用した水車と、今度は逆に水上を移動するための推進力としてのスクリューの開発にいたるまで、究極には回転運動にいたる流体力学の学習がされたのである。スクリューが開発される前は人力によるスクリューというべき櫓や櫂が使われ、その形状にすでにしてプロペラの形が工夫されていた。

陸上では単に車に台を載せて牛馬でひかせればよかったが、路面の凹凸を吸収するための緩衝装置が発達し、水上では水を最小のエネルギーで掻き動かすためのプロペラ形断面が櫂について工夫される。いずれもそれはコイルであり、スクリューであり、引き伸ばされた円である螺旋だった。空中ではそれは移動滑車であり、引き上げ用の回転車輪だった。そのなかに入って四人などが車輪を回して重いものを引き上げたのである。これが後のエレベーター、あるいはケーブルカー、スキーリフトなどになったが、要は循環式のケーブルを駆動輪にかけて回し、ケーブルに固定した箱を持ち上げたのだが、動力は人力でなければ、特に鉱山などでは馬だった。要するに人や馬が回転してケーブルを巻き上げるのだが、たとえば馬がぐるぐると円を描いて回ると、ケーブルがひかれて鉱物が上がってきた光景は、平面状の回転運動が垂直移動になるもので、つまりは螺旋階段の原理だった。

もちろんその大元はアルキメデスの考案になるという螺旋形揚水装置で、ヨーロッパ文明は回転させることで、ものを動かし、持ち上げることができるようにしてきたのである。それに対してほかの地域の文明は車を回転させても、それは一箇所にとどまっていて、スクリューのような前進力、プレスのような圧縮力、揚水機のような上昇力に変えることがあまり見られなかったのである。

2　船

ヨーロッパの外洋船は幕末の日本にやってきて当時の日本人をおどろかせた黒船だけではなく、その前のオランダ船でもすでに和船とはまったく違った形をしていた。世界では外洋船は大なり小なり同じような形で発達していたといってもいいものの、中国の船やインド洋をゆきかっていたアラビアの船はスペイン、オランダの三本マストとはやはり違っていた。

ひとつはヨーロッパの船は密閉甲板で樽形、あるいは卵形の船体をしていた。十七世紀の大型艦船では五階建て、六階建ての船も珍しくなかったが、船のなかに階段があって五、六階建てであるということ自体が中国からもアラビアからも奇異の目で見られただろう。これは必ずしも階段だけの問題ではなく、照明、特に舷窓にはめられたガラス窓を必要とするものだった。ガラスがないところでは日本のように障子を立てても、荒海ではとうてい波浪に耐えられるものではなく、窓を締め切れば真っ暗になってしまった。したがって、密閉甲板の多層階の船ということが不可能だったのである。

ヨーロッパの「発明」といっていい多層甲板の三本マストの帆船は船首も船尾もそりあがって、横から見ても丸く見えるが、断面図も卵形でそのために樫の森でふさわしい木の大枝を肋材用に曲げておいて切り倒した。(60)そして六層くらいの構造の最下部は重い荷物を詰めて重心を低くしたからなかなか転覆しなかった。卵形の船体は荒波にも耐え、重心が低い構造は安定しており、密閉甲板からは水が入ることはなかったから、乗組員がペストなどで全滅したあと、何年も亡霊船となって五つの海をさまようこともありえた。

この形は陸上の馬車でも模倣された。シンデレラの物語でカボチャを馬車にするところがあるが、まずヨーロッパには巨大種のカボチャがあり、そのなかに子供が入れるくらいのものがあるとともに、その形が馬車に似ていたのである。

もちろん車輪は必要だが、これは日本の御所車などと違って、車台から離して置かれ、車軸と車台とはC字形などの板バネでつながれた。そして車台は向かい合わせのベンチを二つ置いた形で足を置く部分は低く、腰を載せる部分がせりあがり、全体に傘の形の屋根が載っており、ドアは前部座席用と後部座席用に二つ観音開きで開くようになっていた。その全体の形はカボチャか、デリシャスなどのりんごの形だった。あえていえば下はW字形、上は小文字のM字形だった。ときには、中央が縦長の楕円で、その前後により短い楕円が二つつくものもあった。まさにカボチャに妖精の杖で魔法をかければ即座に馬車になったのである。ディズニーランドのシンデレラ馬車がその様子をあらわしている。このタイプのヨーロッパの馬車とアジア、あるいは日本の牛車などの違いは懸架装置とスプリングで、次頁写真の馬車はC字形、あるいはS字形の板バネで車台と車輪が結ばれ、座席部分も板バネの

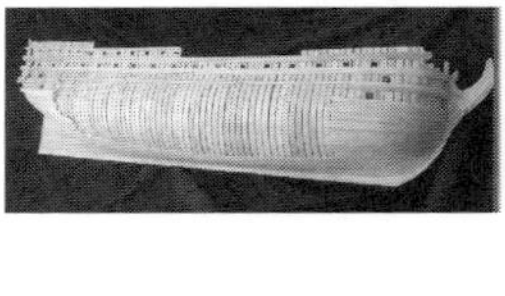

右：
ファン・デ・フェルデ
《イギリスの軍艦》17世紀
ロッテルダム、プリンス・
ヘンドリック海事博物館
下：
船体の模型

上に載っている。もちろん車軸にもベアリングが使われているが、この、C字形でもコイル式でもバネが使われることで、路面の凹凸を吸収し、高速で走行できたのである。乳母車では別に高速で走行する必要はないが、馬車と同じC字形バネにランドー形のゆりかごが載っていた。もっとも最近はアメリカ式のバギーが多くなり、このランドー形は見かけなくなった。

和船と蘭船、御所車とカボチャ形馬車の違いは大きく言ってヨーロッパ以外の船や車とヨーロッパのそれとの違いだった。丸くした板バネで吊した馬車にしても、卵殻形の六層の帆船も中国・日本はおろか、アラビア、インドにもなかった。高い塔に荷物をひきあげるエレベーターにしてももちろんヨーロッパ独自のものだった。

もうひとつはこれはヨーロッパの発明ではなかったが、三角帆の活用が目立った。メインマストと船首に斜めのケーブルを張り、そこに三角のジブを張るのである。三角帆は小型ヨットではもっとも扱いやすい帆の形で、これを二枚組み合わせて、風流を調整し、向かい風走行をするのだった。三角帆自体はインド洋を航行するアラビアのダウ船などで使われていて、それが地中海へ入ってきたが、ナイル川などでも使われていたそれは一枚帆で、マストに斜めにぶら下がって、自由に向きの変わるものだった。それに対して、ヨーロッパの帆船で使われた三角帆はケーブルに固定した帆で、左右にはふれたが、斜辺は固定していた。これを飛行機の翼の形に

平安時代の御所車
『年中行事絵巻』より

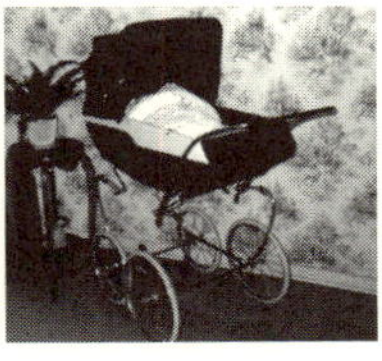

左上：カボチャの馬車
左下：板バネを使った馬車
下：乳母車

して向かい風にあわせると、帆の両側の気流に圧力差が生じて風の方向に推進力が働くとともに、風の流れを調整して二枚目の帆に受ける風をより効果的にするのだった。ヨーロッパの船乗りはこの三角帆を活用して大海に乗り出していったのである。

この風を受けてつくりだす飛行機の翼の断面の形も後に風車の翼でもタービンでも利用され、さらにプロペラやスクリューの翼の形になった。そもそも櫂でも断面はその形をしていた。竹とんぼなどでも同じだし、オーストラリアのアボリジニのブーメランも断面は同じだった。つまり風を利用する文化や水をかき混ぜる文化ではどこでも同じひねったかまぼこ形、すなわち8の字形の羽根が考案されたのだが、それを回転させて前進力に変えることはヨーロッパで特に発達したのである。プロペラが回れば螺旋を描く。ただし、そのプロペラを回して空に舞い上がることは二十世紀も中頃で終わりになる。ジェットの時代になったからだ。陸上輸送でさえリニアモーターのようなものが登場し、水上でもジェット船ができた。そのころから、ドアも回転ドアより引き違いの自動ドアが多くなり、電話などもダイヤル式からボタン式になり、とりわけ時間をはかる時計がぜんまいも巻かず、針も回転しない形式に変化した。

3 空へ

レオナルド以来、人力飛行機の夢をヨーロッパ人は追い続けた。誰でも空を飛ぶことを夢見るだろうと思われるが、それをまじめに考えたのがヨーロッパ人である。人間の条件を超え、神の領域である天空に舞い上がることにもヨーロッパ人はためらわなかった。イカロスは落ちたが、そのことがクレタの工人ダイダロスの技術の進歩を止めはしなかった。北欧の鍛冶師ヴェーラントも翼をつくって空に舞い上がった。

人力飛行機は現在のカーボンファイバーのような軽い素材が使えるようになって、実用はともかく、実際に空を飛べるものが作られるようになり、各地で飛距離を競うレースがおこなわれたりしている。そこでは、プロペラや、駆動のシステムはレオナルドのころからそう違ってはいないようである。駆動は自転車方式が多いが、プロペラを回して推進力を作り出すことはさして困難ではない。パラパントやグライダーなどを見ると、スキー・や波乗り、ヨット、自転車などと翼を組み合わせた滑空装置は理論的にはほぼ完成の域に達しているようで、自転車だけでもそれに揚力の出る翼をつけて走れば浮き上がることができるだろう。そのあとは、車輪の回転のかわりにプロペラを回せばいいのである。そのあたり、レオナルド以来のヨーロッパの科学技術の結晶が見られるといっても過言ではない。しかし、その前に、自転車がうまれるより少し前、気球が発明され、写真家のナダールが気球に乗ってパリの空中写真を撮ったりした。これは熱気球で、地上で火を焚いて暖めた空気を風船に詰めて上昇したのだが、当時のカリカチュア、あるいは報道マンガでは、焚火の煙が渦を巻いて、気球に吸い込まれてゆく様子が描かれる。これもまた天へ昇る渦巻きとして想像されていたようである。神々へ捧げる犠牲も、焼いた煙が渦を巻いて天へ昇ってゆくと考えられた。

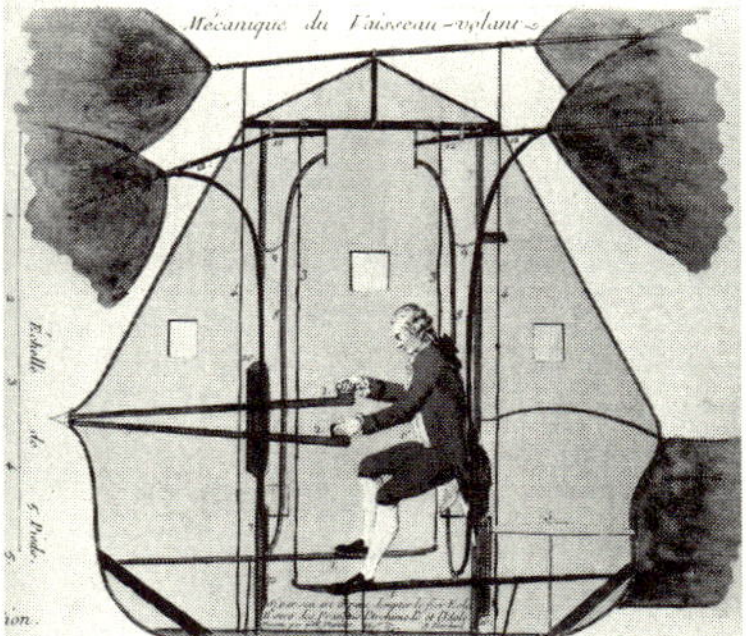

十八世紀フランスの人力飛行機

第三章 はかる

1 水の流れと時間——円盤上の数字

「ミラボー橋の下をセーヌが流れる」（アポリネール）。水の流れは過ぎゆく時間をあらわしていた。ローマ以来、円い文字盤の上の数字だけ見て、時間を認識したのである。これは今日、時計の内部で、電池が働いているのか、電波を受けて動いているのか、あるいはぜんまいがあるのかはさして気にせずに、表示された時刻だけ認識するのと同じで、文字盤の上の針を回転させるものが水でも砂でもなんでもよかったのである。ローマ人にとって「時間」とは円い文字盤の上でくるくると回転する針の動きだった。以来、二千年のあいだ、ヨーロッパ人はそのような円環型の時間認識を持っていた。

水の流れの速度は、それとは別だった。水時計ではまず、水流の速度はどうでもよく、一定時間に溜まる水の容積が問題だった。しかし、時刻を表すためではなく、別な目的から河川の水の速さをはかることは、筏ながしや、河川を下る小麦船の船頭によっておこなわれていた。いつ頃からかはわからないが、筏を流して何日後に下流の貯木場なり積み下ろし場なりにつくかははかられていた。これは陸上輸送でも、海上輸送でも同じで、どこを発送した荷物や郵便馬車がどこそこまで着くのに何日かかるかはかなり正確にはかられていて、十九世紀の駅馬車では時刻表もつくられていた。もちろん時計も早くから発達していた。そこで一定時間内にどれだけの距離を動くかをはかれば、その馬車や筏の動く速さは計測できた。今ではどの列車が何時に着くかということは予定が立てられ、時刻表に書かれ、駅の表示板でも示される。しかし、昔はいつ郵便馬車が来るかは天候次第でもあったし、ほとんど神のおぼしめしというくらいの感じで人間が予測できるものではなかった。しかし、ヨーロッパでは、今でこそ、列車の運行はあまり正確ではないものの、かつて、世界中で定時運行などという概念がなかったころに、ラフィット会社のマルセイユ行きの乗合馬車はリヨンを何時に通過するといったことがあらかじめ予告されており、人々が時計を見て、その馬車の乗り場へ急いでいたのである。それはヨーロッパ以外の地域から来た人には驚異であったろう。それより、そうやって時をはかり、速度をはかり、運命をはかることを神を冒瀆することのようにさえ思ったかもしれない。事実、それが科学技術による世界の征服だったのである。

2 巻き尺

平面の直線は世界中どこでも計測した。メートル原器がなければ基準があいまいではあったが、いちおう、物差しはたいていの文化に存在した。巻尺のほうもどこにでもあっただろうと思われがちだが、必ずしもそうでもなく、長さをはかる道具がくるくると巻き戻されることに、不思議な思いをした者もいたのである。そして、そうやってはかった縦横をかけて面積を出すこと、さらに立体にして体積を出すこととなると考えも及ばない地域、時代もあっただろう。取引でも芋の数を数えて、いくつでいくらというところまではいっても、数が多くなれば一袋でいくらということになり、升があれば一升いくらとなったが、計量はそこまでで、あとは数えられないものの領域に属していた。物差しではかる場合も、物差し何本分という観念は芋の数を数えるのと同じことだったが、十メートルとか、場合によると百メートルもの巻尺となると、数える単位の「もの」ではなく、連続的な数字という観念に近くなった。地球の直径や太陽までの距離のような直接はかれないものも西洋流の測量術ではなかったのである。それはもはや、「長さ」ではなく「距離」だった。そこから天体の円周もはかったとすると、その天体を外からかかえている「神」の「大きさ」もはかれたことになるかもしれない。数量で数えるものの計算ではなく、はかりえない距離の計測はカテドラルの建設にあたっても重要だった。設計図で計算し、それを実地に拡大してあてはめ、積み上げた石の高さは、物差しで確認するのではなく、仰角で計算した。このメースンたちの「計算」は占星術者たちの「観測」と同じく、普通の人々にはなにやらおそろしい魔術のように思えただろう。しかし、いったん、物差しを直接あてなくとも計測できるとなると、神までの距離もはかれたのだし、その神々の世界から落とされた鍛冶の神ヘーパイストス、あるいは光の天使リュシフェール（ルシファー）が地上に着くまで何日かかったかも計算されたのである。はかれないものはなくなった。

3　はかりえないもの

ふつうは幸せとか、人間の器量とかは数えられないものとされる。ただし貨幣経済が進めば、かなりのものを貨幣で換算して本来ははかれない豊かさなども計測あるいは表現できるように思った。それをさらに進めて、まず重さを分銅の数であらわし、あるいはバネの伸びであらわすようになり、時間も速度もあらわしていって、力も最初は馬何頭分というものであってもやがてより精密な単位と計測方法がうまれ、湿度だの、気圧だのというものまではかるようになったのが、まさにヨーロッパ文明だった。

そしてそのさいの計器はローマ時代の水時計がすでに円い文字盤に時刻を表示するようになっていたことが象徴的に示しているように、円盤上に連続的な目盛りで表示されるのがふつうだった。今でこそ体重計でもデジタル表示が多くなったが、ついこの間までは円い表示板に針が回って重さをあらわしていたのである。

ヨーロッパ文化はほかの文化でははかりえないと思われるものまですべて数値化してはかろうとするものであり、その数値を円い文字盤に表示するものだった。

時間でも暦でも、物差しで計ったり、日めくりで見たりするものでなく、円形の表示板で連続的に表示されたのは、その基本が天球上の太陽、あるいは地球の回転の時間だったからで、太陽が羊座から一回りしてしし座までゆくのが一年なら、その太陽が東から出て西へ沈み、また東に出てくるまでが一日だったから、日時計にしても円盤上に表示されたし、水時計も円盤表示になるのが自然だった。時間は回るものと理解されていたのである。太陽が回るように時計の針も回って一日が経ってゆき、やがて一年が経っていった。暦時計も円盤で表示されたのである。

この太陽の動きを天球上にしるしづけて、今何座のあたりに太陽がいると考えたのは天球というつかまえどころのないものに目盛りをつけることで、地上の物体のみならず天の長さまではかったことになる。

もちろん天体観測がその前にあったわけで、その理念は占星術で未来を占う方法とされていたが、航海術では北極星その他を観測して何度の角度に見えるかで船の位置を測定した。ということは陸地が見えなくなる外海へ出ていって、星だけをたよりに航行をしたということで、太平洋の海洋民ももちろん外洋航行はしていたが、ヨーロッパでは早い時期に大型の外洋航行船ができ、西へ西へと乗り出して新大陸の発見や地球一周までするようになったのである。それらの船では航海士が毎日時間を決めて星を観測して船の位置をはかって海図の上にしるしをつけていた。クロノメーターとアストロラーベとトルクエタムが航海士の必須の道具だった。もちろん羅針盤でも天体観測でも中国で先に発達していたが、科学技術に応用されることはなかった。その根本には中国の天についての観念の問題があったとされている。つまり、エデンの園で禁じられていた知恵の木の実を食べたヨーロッパ人と、天命に従った中国人の違いである。

角度をもって位置をはかることは、カテドラルの建築などでも使われた。どんなに高い塔でも、尖塔の先端までまっすぐに石を積むときの計算と積み上げた石の高さの測量は仰角から割り出していた。それと同じ方法で山の高さもはかっていた。そのような設計や計測の作業をヨーロッパでは「神」もするものとされていた。

水深のほうは単に錘を下ろせばよかったが、喫水線の高い船が航行するには常に水深をはかる必要があった。飛行機でも高度計が不可欠だが、船舶もありとあらゆるものをはかって航行した。現在は気圧にも注意を払って暴風を予知しなければならない。風速ももちろんである。風速は一定時間あたりの風車の回転数で簡単に割り出せた。船の航行速度もはかられていたのはいうまでもない。温度をはかるようになったのはガリレイからであるという。その目盛りは垂直型だったが、多くの計測値は円盤に表示された。

はかることは、デジタルでは数値化することであり、アナログでは円盤状の針の角度であらわすことである。長さのようにはじめから数値化されて認識されるものはともかく、速さ、あるいは圧力、さらには強さであっても、そのままでは数値であらわされえないものもヨーロッパでは度量衡に準じて計測し、数値であらわしたのである。

そして場合によると図面と計測された部材とのみで、高い塔でもつくりあげた。つまり精密に計測していけば、どんな大きなものでも寸法どおりに切られた石材を積み上げてつくることができたのである。その果ては地球の寸法まではかることになり、その南極から北極までの距離の二千万分の一を一メートルとすることにした。そのためにダンケルクからバルセロナまでの距離をはかった。これが子午線の四分の一だった。ちょうどそのころ日本でも伊能忠敬が日本全土を測量していた。これについて日本も世界の最先端に達していたというような評価もされるが、同じ測量でも目的は違っていた。伊能は実際の日本の大きさを歩いてはかっていた。実測していたのである。フランスでは地球の寸法をはかって基準になる長さの単位を決めようとしていた。地球という観念がまずあって、その円周が四万キロであるという観念があった。それを四万分の一にして、それを基準にしようとした。そのために地球の円周の四万分の一が実際のどのくらいの長さか出そうとした。北極から赤道までをはかれば、円周の四分の一である。しかし、これははかりにくい。そこで、その何分の一かをはかってみようとした。緯度から行ったのである。北極は緯度九十度である。赤道が〇度だ。したがって、たとえば緯度が十度違う二地点をはかれば、地球の円周の三十六分の一である。そこでおよそ北緯五十一度のダンケルクとおよそ北緯四十一度のバルセロナの距離をはかって、それを三十六倍にしたものを地球の円周とし、その四万分の一を一メートルとなづけようとした。いずれにしても天の寸法であれ、地球の寸法であれ、はかりえないものもはかる文化であり、そのもとは、そのころは地球という球体だった。

第五部　螺旋の文化史

第一章　聖性の形、宗教と神話

もっぱら地上の形を見てきたが、ヨーロッパの世界観にはもちろん天空が欠けてはいなかった。

1　イグドラジル

北欧神話でイグドラジルという宇宙樹が想像されていることはよく知られている。これを図案的に球体の中に描いているものがあり、真ん中に地面があり、上のほうに神々の住まいアスガルドの水平面があり、下のほうには死者たちの国の水平面があるが、それぞれの間には虹の橋や梯子があって交通できるようになっている。

つまり、全体は球体だが、その一番下のミッドガルドには巨大な蛇ヨルムンガルドがとぐろを巻いている。要するにイグドラジルというのは蛇が絡まる木なのである。それをつたって上の階へゆくのも虹の橋をわたるなら、弧を描いた通い路で、ぐるぐると回っていれば、やがて天に届くという巨大な螺旋の木なのである。メイポールは、世界樹としての意味を持ったものと、通常の樹木霊信仰から出たものとがあり、後者は、五月一日に森の木を切ってきて、愛する者の家の戸口に打ちつけてきたりする。クリスマスのモミの木もそれと同じような樹木霊信仰で、決して世界樹ではない。イエスがそれを目印におりてきた木などというわけでもない。樹木信仰、樹木にかかわる儀礼をすべて世界樹とするのは問題である。メイポールが、森から切ってきた生木ではない場合、特に枝も葉もおとされている場合は森の象徴としての意味はもたされず、天を指示する記号となる可能性は高い。しかし、鶴岡真弓が『装飾の文化史』で写真をあげて示した例では、広場に一本だけ建てるのではなく、五本も六本も並んでいる。世界樹、宇宙樹が複数でいいのかどうか疑問である。諏訪の御柱も四本ずつ建てられるが、まさにそれは天を支える柱であって、宇宙をあらわす柱ではない。しかし、そのメイポールにリボンが螺旋状に巻きつけられることは、それ

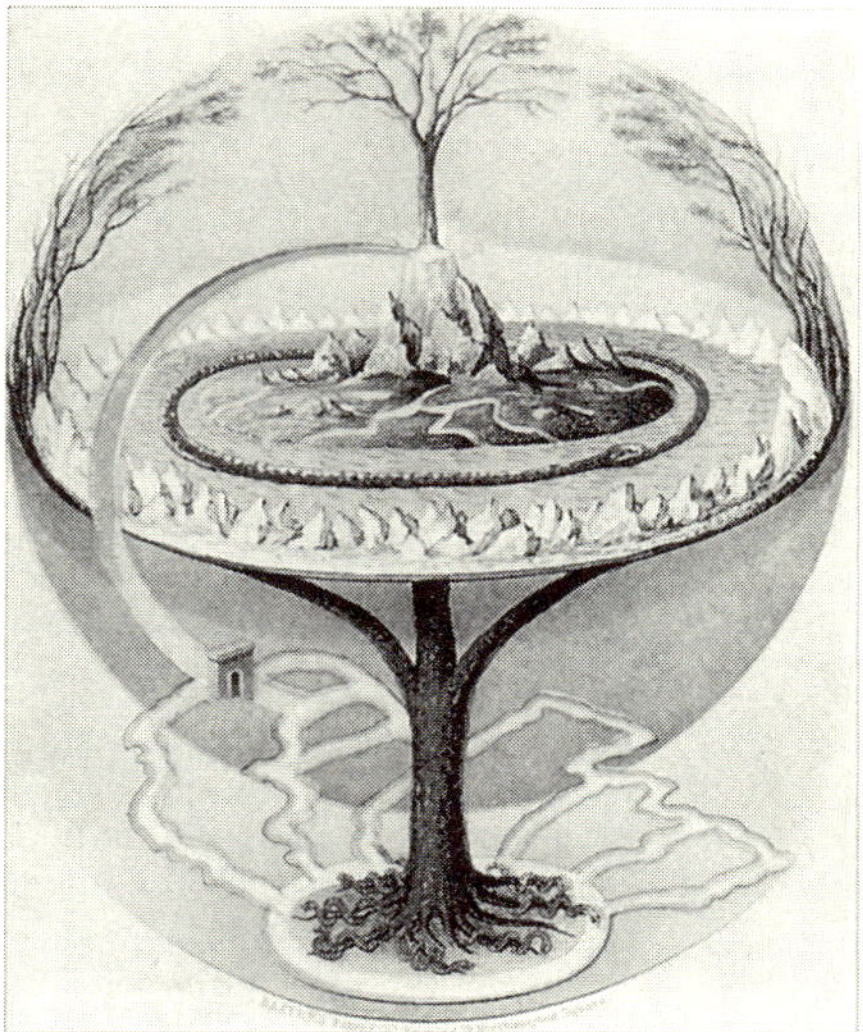

イグドラジル

を昇って天へ達する可能性を示唆しているだろう。

また、広場で一本だけ建てられたメイポールなら、そこに巻きつけたリボンの端をみんなで持ってぐるぐると輪になって踊る。人々がその周りで回って、宇宙の回転をあらわすのである。フランスでは、このメイポールのてっぺんに鳥や花束をつけて、それを下から弓で射って射落とす競争をした。うまく鳥を射落としたものが、弓の王になる。日本では松明を竿の先のかごに投げ入れる祭りがおこなわれる。竿の先端の藁束に下から投げた松明で火をつける場合もある。冬の祭りで太陽の再生を祈願するとも見られる。したがって春の祭りであるメイポールとは異質なものとも見られる。村の広場に建てる柱といっても色々あり、樹木霊の復活を祝うもの、一年の王を選ぶもの、その周りで輪になって踊るものなど様々だが、季節やそれを祝う儀礼の式次第によって意味が異なっていても、それが等しく聖なるものであることは間違いない。特にそこに螺旋形のリボンが巻きつけられたときは、聖性が確認されるのである。

ヴィクトリア朝時代に再現された五月祭のメイポール

2 塔の形

天に達する塔はバベルの塔のように螺旋形だった。イラクのサマラのジグラットはその形だが、多くは階段をなかに隠した塔になっている。しかし、ローマにあるサン＝ティヴォ教会では、塔のてっぺんに螺旋をつけている。教会の中で、神に祈って精神をして天をめざさせるのと並行して、外部では、その精神の上昇を具体的な形で示している。天へ昇る階段がなぜまっすぐの階段、あるいは梯子ではないのかは、すでに述べたように、螺旋のほうが直登より楽だし、まっすぐの梯子は塀にでも立てかけるならともかく、空に向かってどこにも支えずに立てるわけにはいかないからである。しかし螺旋形の塔なら、支えがなくとも建っていられる。

まっすぐ登るのでもピラミッドなら支えがなくともいいようにも見える。しかしピラミッドを登ってゆくのは大変である。アンコールワットでも塔の基部まで登ってゆく急傾斜の石段が目がくらみそうである。アステカの太陽神殿のピラミッドでは、やはり外の急階段を目のくらむ思いをしてよじ登る。ヨーロッパでもイギリスはバースの修道院の塔には壁にはしごが刻まれていて、背中に翼のはえた鳥人がへばりついて登っている彫刻がある。塔が天へ昇るはしごである。左右で十二人へばりついている。これより螺旋階段のほうが登りやすそうだ。

塔といえば、インドではストゥパである。たまねぎ形、あるいは台形で、先に尖塔がついている。これが日本にやってくると五重塔になり、あるいは板卒塔婆にな

右：
イラク、サマラのジグラット
左：
イギリス、バースの修道院の塔

った。これは日本における外来の形の様式化の例だが、裾広がりの本来の形がほとんどまっすぐな塔形になる。しかしヨーロッパでも教会の鐘塔などはまっすぐな造形が多く、ただ、屋根を急勾配にしてさらに尖塔をつけている。そのまっすぐな塔を昇ってゆくのに螺旋階段がある。樹木や柱に蛇や蔦が絡まるのが本来の自然の形である。そして柱は下が太く、上へゆくと細くなる。日本では法隆寺の五重塔でも下の階と上の階がそれほど違わない。そして中には階段はない。ヨーロッパではまっすぐな塔をつくって、その中に螺旋を隠した。内部で螺旋が回ってゆく円筒である。そとからは内部の回転運動は見えない。

アイルランドのケルト時代の遺跡で円筒形の塔がある。確かに特異な様子の塔だ。しかし大陸でも丸い塔だけ残った城ならいくらでもある。こちらは教会の鐘塔だという。

しかしピサの斜塔でもなぜ丸いのだろう。それより、なぜそれは上から下まで同じ太さなのだろう。底部が広ければ傾かずに済んだのではないかとも思われる。インドのストゥパの形なら傾かない。

しかしたとえば、塔とはいえないかもしれないが、風車小屋などというものもあまり先が尖っていない円筒であることが多い。そして中は螺旋階段である。風車小屋は必ずしも天へ昇る装置ではないが、空を吹き渡る風をうける装置で、いわば天来の声を聞く電話ボックスのようなものともいえなくはない。

ゴシックの尖塔は中は昇れない。鐘のあるところまでは螺旋階段を昇ってゆく。多くの城の天守閣は円筒である。これはほとんど螺旋階段を配している。イスラムのモスクのミナレットも同じようなものだが、こちらはあまり螺旋階段ではない。(61)

3 迷路としての渦巻き

ケルトの渦巻きでもふつうは装飾としか見ない。しかし迷路というものはその中に踏み込むべき試練の場であり、その中心にはクレタならミノタウロスがいて、その怪物と戦わなければそこから戻ってこれない。建物、家具、などに何気なくついている渦巻きが迷路への入口をあらわしていて、むしろ禁じられた危険な領域を示していることは見過ごされている。階段の手すりの端が渦巻きになっているのを「ヴォリュート」といい、ルネサンスの古代様式の教会のファサードの脇などにも渦を巻いているし、ナポレオンの墓の上にもあたかもイオニア式柱頭のように置かれているが、これは特に墓廟においては、入ったら戻ってこれない冥界の道をさしているのである。階段の場合は、それほどの深い意味はないようにも見える。そもそも手すりがそのまま突き出していれば尖っていて危険である。そこで端をまるめているので、それ以上の意味はないとも見られる。

しかしそれならそれで、椅子の袖などでも同じで、切りっぱなしにすれば鋭角が飛び出すので、丸めるとしても、垂直の柱のほうへもっていけばいいのである。階段の手すりでも日本ならもちろん、最後の柱にCの字でくっつける。それをCで満足しないで、OにもQにもし、さらにそれを二重、三重にくるくるとするとか、水平に渦巻きにして始末するというのは余計なことである。これは実は階段というものが天界へ行くか、地獄へ下るか、いずれにしてもこの世の限界を超えて上下にどこまでも続いてゆくかもしれないということと、その階段が本来は螺旋を描いていて、人をくるくると旋回させながらめまいをおこさせる装置であることを思い出させているのである。

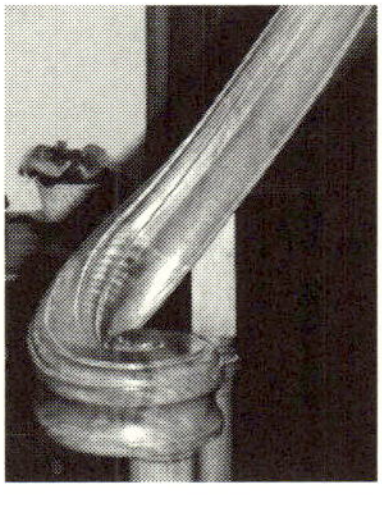

階段手すりのヴォリュート

4 ヴォリュート

そもそもこのヴォリュートというものがいつごろから装飾として使われるようになったのだろう。やはりイオニアだろうか？ 竪琴の両脇に使われていたのはそれより早いだろうか？ ヴァイオリンのヘッドにもその痕跡を残すとすれば、かなり古いものとも思われる。音楽の楽の音が渦を巻く様子だろうか。そう言えばハープのヘッドにも使われることがある。

このデザインは階段は別にして、機械など、実用的なものには使われない。しかし教会の祭壇などでは見かけることもある。巻物を広げた形である。書見形、あるいは巻物形ヴォリュートといおうか。

墓ではディアヌ・ド・ポワティエのものがこのヴォリュートの上に載っているように見える。あるいは単に二つの円筒を横にしてその上に載せているのかもしれないが、それがスフィンクスの背中に載っていて、つまり車輪にはならず、棺の台であることは明らかだが、その造形はやはりヴォリュートかと思われる。この形でもっとも有名なのはアンヴァリッドのナポレオンの墓（柩）かもしれない。

棺の蓋の両端にヴォリュート形の渦巻きを配している。これが棺の下の台に使われているのは家具の台としてよくある形で違和感はない。蓋に渦巻きがあるのは、これを開けてはいけないという印とも見られる。渦巻きは聖性をとざす印なのである。パ

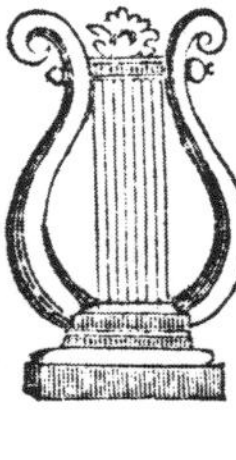
古代の竪琴

ナポレオンの墓

バルコニーを支えるヴォリュート

リのペール・ラ・シェーズ墓地のドラクロワの墓はおそらくこれを模倣している。黒大理石で、蓋が両ヴォリュートになっている。

この渦巻きはいずれも聖なるもの、聖なる場所を守るものである。資格のないものがそこへ入ったら出られなくなる迷宮であり、そこを閉ざす記号を記してあるもので、それが巻くことによって、聖域が閉ざされる。日本の注連縄とも似たものと考えていいだろう。注連縄には注連縄としての特有の形があり、ヴォリュートにはヴォリュートとしての形がある。これがヨーロッパの形である。

このヴォリュートがよく見られるのは建築では軒蛇腹、あるいは迫持ちである。街灯を吊す腕にも見られる。近代建築ならバルコニーなどの張り出しを支えるのに使われる。機能的には渦巻きである必要はなく、ただのはすかいの支えでいいはずである。怪物の頭などが使われることもあるのは教会の柱や人像柱の台座に悪魔が押さえつけられているものと同じ発想か、あるいはパリのノートル＝ダムで有名な塔の上の雨水の吐き出し口ガーゴイルを真似たものとも思われる。それが渦巻きになるのはイオニア式柱頭からきているかもしれない。いずれにしても壁の垂直面と出っ張り、柱の垂直線と軒の合わさるところのTの字の強度を補うものだが、日本の木造の五重塔などの軒の支えと違うのは、垂直と水平とを接合する際の魔術的記号ということだろう。

ローマの建築でよく見られるのは逆に張り出し部を上から支える形である。

街灯のヴォリュート

張り出しを上から支えるヴォリュート

ローマではイエス・キリスト教会など、ルネサンスの古典復興様式の教会のファサードによく見られる。一階正面は列柱で組んで、二階部分が狭くなるのを正面の形として補正するのに使われる。内部からいえば、細長い身廊があり、その左右に側廊が配され、身廊の部分が吹き抜けになって天井まで達している。その側廊の屋根と見廊の壁に控壁《バットレス》としてヴォリュートが使われるのである。

これはファサードだけ、つけ壁のように使われるものもあり、下図中央の聖母マリア教会のように、バットレスとして身廊の全長にわたって配置されるものもある。またその形は6の字、Sの字、9の字といろいろだが、まっすぐの支えではなく、かならず末端が丸く渦巻きになる。ローマを歩く観光客が、どうしてローマの教会はみんなくるんくるんという渦巻きを載せているのと聞くくらい、よく見かける。これが棺の蓋と同じようにある種の聖性を示したものでありうるのは、墓地で見かける渦巻きに明らかかもしれない。

十字架や墓碑の足元で垂直構造を支えているのは必然性がわかるが、次頁下図のペール・ラ・シェーズの墓廟のようにファサードの上にSの字を二つ並べたのはローマ風教会のファサードの模倣以上の意味はなさそうである。なお、ここではコーニスには小型のヴォリュートがずっと並んでいる。ペール・ラ・シェーズの墓廟のほうは明らかにローマン・バロックの模倣である。確かにこう渦巻きがあると、な

ローマのイエス・キリスト教会

ヴェネツィアのサンタマリア・デラ・サルーテのドーム周囲のヴォルータ。八角形のドームの八辺に二個ずつ、計十六個ある。

十字架の根元のヴォリュート

ぜこんなに「くるんくるんと」丸くなっているのと聞きたくなる。墓には十字をつけるのと同じに渦巻きをつけて、死者がこの世に迷い出ないようにするのだとでも言わなければならないだろう。

鉄の手すりや，格子、門扉などに渦巻きが配されているのは、ヨーロッパではごく普通だが、日本ではそれほど普通ではない。ヨーロッパの模様なのである。

渦巻きの唐草模様は十二世紀フランスのロマネスク教会でも鉄格子などにおおいに使われた。クストゥージュの教会やリスボン大聖堂の鉄格子に見られる。もしかしたらアラビアの唐草模様の影響かもしれない。しかしローマのトラヤヌスの勝利記念柱が螺旋形に皇帝の武勲を描いているのを見ると、もっと古いものと思われる。

画家の田淵安一が『西欧人の原像』で「北欧の空間構成が螺旋的な力動観にもとづいたもので、それは遠く青銅時代の螺旋モチーフにまでたどることができる」といっているが、別に北欧には限らないだろう。ケルトの渦巻きが有名だが、これもケルトには限らない。と言うより、ケルト以前のヨーロッパの模様である。古墳の入口を閉ざした石などに渦巻きが刻まれたのは日本にも見られるとおりである。クレタの迷宮であってもいい。冥界を閉ざす印で

ローマ、トラヤヌス帝の記念柱

鉄の手すりのヴォリュート

パリ、ペール・ラ・シェーズの墓廟

ある。ヨーロッパでは、その迷宮が必ずしも死の国の入口とは限らず、天の入口でもありうること、というより、それは平面的ではなく、世界をぐるぐると取り巻く宇宙の形であり、太陽も月も星もがぐるぐると回り、それをぐるぐると回っていった果てに天ないしは「神」という観念があったりするのである。渦巻きはヨーロッパでは冥界や聖域を閉ざす機能だけではなく、むしろ選ばれたものにはそれを開ける「力動的」な機能も持っている。そしてそれが現実世界を取り巻いていて、それはまずは地の果てを七回半回っているオーケアノスの流れでもあり、あるいはミッドガルドの蛇でもあり、それはしかし、そこで世界が終わるところではなく、それを回りながら越えていけば、新世界へも天へもたどりつくことができるところであり、天空をめぐる太陽の車に飛び乗れば一緒に空を、そして時間を旅することができる螺旋なのである。田淵安一が感じ取った「螺旋的空間観念」というものもそれで、平面の渦巻きではなく、宇宙全体を構成する複雑な円軌道なのだ。宇宙は無数の星たちの軌道が織り上げた糸玉だといっているかのようである。ヨーロッパの渦巻きは動的である。

5 迷宮

クレタの王宮の地下にあった迷宮は、牛怪物ミノタウロスを閉じ込めるためにつ

ローマ、サン・クレメンテ教会のアプス天蓋。この螺旋は十字架の下の「生命の木」から生えている枝である。

くられた。[62] つまりは牢獄である。あるいは狂人を閉じ込めおく座敷牢のようなものだった。ポセイドンが送ってきた凶暴な牡牛と王妃のパシパエが交わって生まれた牛人間で、半分は人間だし、自分たちの王子であれば、簡単に殺すにはしのびないし、外へ出して、世間の目にさらすのもしのびない。そこで地下に閉じ込めたのだが、ある程度、自由に動きまわれるようにしなければかわいそうだというので、迷路をつくったのだろう。人間なら出られるかもしれないが、牛の知恵では出られまいというのである。人間ならといっても、並みの人間ではなかなか出られない。アテネの子供たちをミノタウロスの餌食として送り込んだときは、ローマの円形闘技場へ放り出された殉教者たちと同じく、怪物の餌食となるよりほかはなかった。子供たちが出口を求めて迷路の中を逃げまどい、ついに逃れ出たという伝承はなかったようである。

ミノタウロスが迷宮に閉じ込められたなら、獲物をとらえてしまう蜘蛛の巣も迷宮と機能を同じくしているかもしれない。やなのように獲物を誘い込んで、出られなくする自然界の迷宮もあるだろう。イソギンチャクなどはそれに近い。一方、渦巻きの螺旋階段は天へ昇る手段で、地上という牢獄から逃れるのにはてしなく螺旋を昇ってゆく。鉄線を螺旋状に巻くとバネになる。板バネを巻いた渦巻きバネと、螺旋のコイルバネがある。このバネをうまくつかえば、空へ向かって跳躍もできる。

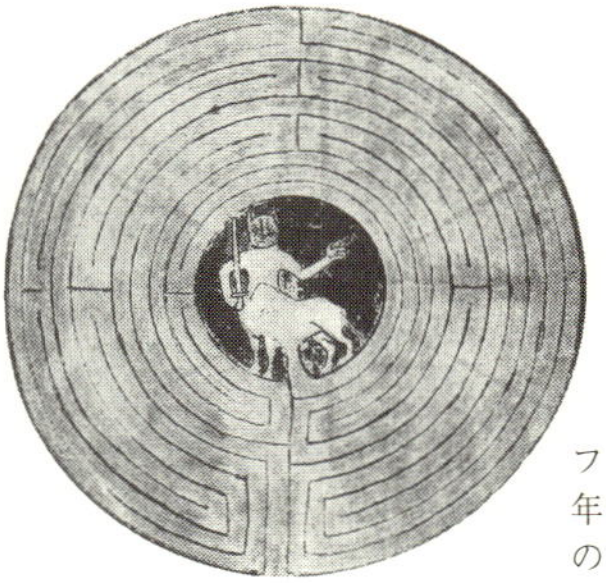

フランスの写本（1120年頃）に描かれた迷宮の中のミノタウロス

地下に迷宮があるという想像はウジェーヌ・シューの大衆小説にも描かれたが、現実の地下都市も今はたいていの町につくられている。地下鉄がすでに地下の迷路で、地上を歩いていると、その足元に蜘蛛の巣状の地下鉄の路線がはりめぐらされていることにはあまり気がつかない。パリの場合はほとんどの市内の地域から最大五分でどこかの地下鉄の駅に出るという。というより駅と駅の間隔がおよそ徒歩十分で、線と線の間隔もそれくらいだというのだろう。地下鉄路線が十以上だと迷路の印象が生まれる。パリでは一号線がセーヌ沿いに横に走っていて、高速B線がそれに直角に交差して南北に走り、六号線、十号線などが環状に走っている。地上の道路は中央広場から放射状に大通りが出るが、地下鉄は同心円状になるようである。太宰治が地下鉄や、その駅の上り下りする階段などは遊びのためにつくられたものだと思っていたというが、地上に人の姿が見えずにただ日が射しているときに、地下を人々がめまぐるしく行きかっているというのは考えてみれば変なものだ。

鶴岡真弓にとってアイルランドの渦巻きは何よりも「デザイン」である。しかし、日本の古墳石室などに描かれた渦巻き模様は明らかに冥界を指し示す。クレタの迷宮はイニシエーションの図形ではないのか、シャルトルの内陣床に描かれた迷路は何を意味しているのか、渦巻きと同心円模様と迷路と迷宮は一連のものか、車輪の回転は渦巻きなのか、太陽は迷路の模様なのか、月の軌跡のほうが迷路ではないだろうか、8の字は迷路だろうか、メビウスの輪は迷路なのか、などと考え出すと次から次に疑問が出てくる。鏡花の『草迷宮』もある。ヘルムート・ヤスコルスキー『迷宮の神話学』によると、「迷宮象徴が（……）ヨーロッパ世界におけるマンダラ」だということになる。

フランス庭園における迷宮、シャルトルなどのカテドラルの床に描かれた迷宮についてはヤスコルスキーも有意味な解釈は与えていない。ホッケは想像力の極限としての迷路的造形表現を称揚したが、やはり教会の床の迷路模様は語らなかった。

迷宮模様を床に描いているのはゴシックのカテドラルである。ゴシックのカテドラルは石で書かれた聖書といわれ、すべての形が意味を持っていた。床の迷路はその中心に至聖所がある構造ではない。教会では至聖所は祭壇である。迷路は会衆席の下に描かれる。その下に地下墓所があることを示すようなものでもない。床の模様なのである。すなわち大地をあらわしている。高い柱が林立して天を指している。正面壁にはバラ窓があり、太陽の光を取り入れ、東西南北の風、あるいはその空の方角をあらわしている。そのバラ窓のステンドグラスを通ってきた陽光が床に落ちて、迷路を描く。大地は西の正面から東のアプスへ、そして交差部の南北の軸と合わせて、地上の東西南北をあらわしている。それを迷路が示しているのである。地上で経めぐるべき試練の行程である。中心に至っても何もない。ぐるぐると回ることが地上での迷いであり、試練であり、苦しみであって、その苦しみの中で神を求め、祭壇にひざまづくのである。教会の床の迷路はそれ自体、聖なるものでも、崇めるものでもない。地上の人生の苦しみと迷妄をあらわしているのである。

北イタリア、ルッカ大聖堂の迷宮

アミアン大聖堂の迷宮

6 司教杖

カトリックの司教杖は起源的には牧童が持つ羊を追う杖である。司祭が羊である信者を導くところから杖を持つとされたのだが、ただの司祭はこんな杖は持たない。司教以上で、司教というのは教皇になる資格のあるものであって、それが持っている杖は初代の教皇にあたるとされるペテロや、あるいは旧約時代に人々を導いたモーセの務めを継承するものとされるのである。普通の司教杖はぜんまいのひげのような渦巻きだが、下図にあげたものは蛇であり、ほかにも口を開けた竜のような造形がときおり見られる。おそらくそれはモーセの「青銅の蛇」から来ているものだろう。神の教えに従わないものには「炎の蛇」が送られる。それに対して、青銅の蛇にすがって祈れば、難を逃れる。司教はミサにおいて、この杖の口のほうを信者に向ける。蛇の口を示すのである。ただの司祭が信者を教導し、魂を救済することをもっぱらとするのに対し、司教は正しい教えの道を示して、道に外れた者を厳しく糾弾するのである。蛇の形の杖を持って信者をおどかす所以である。

蛇をデザインした司教杖の飾り
エヴルー博物館

もうひとつは、ホイジンガ的にいえばルディックなもの、「遊び」である。あるいは太宰治が地下鉄や地下街について語った、人を楽しませるための遊園地のようなしかけともいえる。機能的にはまっすぐでいい手すりの柱に花模様をつける。端をくるりと回転させる。なくともいい装飾として渦巻きを描く。いずれも、聖性の印である前に、商業デザインなどでは「遊び」である。それは花模様でもあり、唐草模様でもあり、渦巻きでもある。パリの地下鉄の入口の唐草模様も「遊び」以外の何ものでもない。婦人服なら「誘惑」とか、美しさの誇示という意味がありえようが、階段の手すり、バルコニーの支えは、渦を巻く理由がまったくないのである。

第二章　王権、教権、天

1　天への道

螺旋階段は天をめざす。それを内部で縮小してみせたベルニーニの天蓋柱も、その祭壇の上に広がるより大きな天蓋、天そのものを模したドームへ向かって上昇してゆく動きをあらわしている。しかし、なおかつ、天蓋は高く、会衆の座る身廊は低い。サン＝ピエトロには祭壇の脇から降りてゆく地下があり、聖人たちの墓になっている。ここは垂直の方向の天蓋と、地下の墓廟と、そして会衆の席の平面とが明らかな対立を示している。人が集まる形として自然にできた円形劇場とはそれは根本的に異なっている。円形劇場は舞台を囲んで階段状の観客席がせり上がってゆく。サン＝ピエトロでは壇上に祭壇があり、そこで司祭、あるいは教皇がミサをあげる。ミサで呼びかけられ、祈りが捧げられるのが、その頭上の天である。会衆はそれを固唾を飲んで下から見守る。

劇場では高みから見下ろす観客が主人であり、教会では会衆は高みにいる神を仰ぎ見る。

そもそもその聖堂の形もサン＝ピエトロでは集中型の変形であり、ゴシックの身廊型とは異なっていたが、人が集まっても一点に集中しても、そこには司祭が壇に立って会衆を見下ろしており、その司祭の頭上には天がドームによって表現されている。ゴシックでも身廊の天井ははるかに高く、人は上方から見下ろされる視線を感じるのである。[63] 劇場では「天国」とも呼ばれる天井桟敷も含めて、観客は主人として、上方から低い舞台を見下ろす。聖なるものは上方にいるのである。

2 聖体顕示台、カリス、香炉

ボードレールの『夕べの諧調』に「君の思い出が聖体顕示台のように輝く」とあり、この詩ではほかに「香炉」「聖体安置台」などがいずれも「夕べ」と韻を踏んで使われている。フランス語でいえば **ostensoir, reposoir, encensoir, soir** である。もうひとつは「物憂いワルツ」のイメージで、夕暮れ時、花が長い茎の上でゆらゆらとゆれるように、踊る男女の群れがゆれているという表現があり、「牡丹花は咲き定まりて静かなり」と比較したりして、ゆれる花の情景を思い出させればいいのだが、授業でこの詩を取り上げても、「聖体顕示台」「聖体安置台」を見たことのない学生には何のことかちんぷんかんぷんである。

聖体安置台についてはフランス人でも最近はよくわからない人が多いようである。聖体顕示台というほうは、ミサのときに、そこに聖体《ホスティア》を入れておく容器《モンストランス》として誰でもわかるが、ホスティアを入れる前にそれらをいったん、おいておく容器、あるいは台としての聖体安置台のほうは目立たないせいか、最近はあまり使わないからか、認識度が低い。また、本来の聖体安置台ではなく、特定の祭りの際の臨時の祭壇をさす場合もある。そのほうが今は多いようだが、ボードレールの文脈では本来の聖体安置台である。

ただいずれにしてもカトリックの教会で、香炉の煙にけむったおごそかなミサの雰囲気と、祭壇の上できらめくモンストランス、それに荘重な聖歌や荘厳なオルガンの音などがかもしだす聖性の気配（「音と香りがめぐる」）と、それとはまったく反対の世俗の舞踏会の退廃した空気のなかでもつれあう男女の姿。そしてもうひとつ、ゆらゆらとゆれる花の風情、その三つが奇妙に響き合っているのだが、まさにそれがフランスのある時期の雰囲気だったかもしれない。教会と社交界と花に飾られたサロンなどの雰囲気である。ここで、ボードレールからヴェルレーヌへの、十九世紀後半から世紀末へかけてのヨーロッパ、とりわけフランスの繁栄の陰の精神的退廃の雰囲気を香炉の煙、ゆれる花、夕暮れのヴァイオリンの音などにたどるなら、バロック時代のベルニーニ風の装飾からはじめたヨーロッパの形の検証が世紀末のアールヌーボー的な曲線美の退廃性にたどりつくともいえよう。そしてそのころは、産業ブルジョワジーが彼らの文化的アイデンティティをイエズス会の教会に求め、子弟をイエズス会の私立学校へ入れて、「上流社会」人のふりをしようとした時代でもあった。

中世にはパリのイノサン墓地の死者たちが起き上がって「死の舞踏」を踊ったとされ、もちろんそれは都会のまっただなかに流れついた流民たちが安酒をあおって夜明かしをする様子を、亡霊たちの踊りとして、「健全な」市民がおそるおそる覗いて見た際の幻のような光景だったのである。その後、ルネサンスからバロックを経て、やがて、ヴェルサイユの宮廷の遊楽の時代が来ると、支配階級はその権力の保証として教会をふところに取り込んで、法服貴族と聖職貴族が宮廷で大きな顔をするようになった。十九世紀は市民革命の時代で、国王や宮廷貴族を追い払った市民たちは、それまでの宮廷の楽しみだった舞踏会や宴会を、宮廷を追われた舞踏教師や料理人をやとって自分たちのところで見よう見まねでやってみるようになった。やがて産業革命が進行すると、市民革命を遂行した「市民」たちの構成が変わってきて、鉱山主だの、大地主たちだのが都会へやって来て、にわか仕立てのフロックコートに身をつつみ、女たちは頭の上に花束をのせた帽子をかぶり、「上流」のたしなみを付け焼刃でも何でも構わずに身につけようとした。イエズス会の学校の教育とますます仰々しくなってきた教会のミサや初聖体や婚礼の儀式と、そしてウインナ・ワルツの「物憂い」調べに合わせて男女が抱き合って踊る舞踏会が都会の風俗となった。これが二十世紀になると、アメリカ趣味の若者たちのロックの「跳ね踊り」になってゆくなかで、あやうい均衡を保っていた瞬間のヨーロッパの形をボードレールが『夕べの諧調』に描き出したのである。

そこに描かれた聖体顕示台など、聖性というよりはこけおどしのきらびやかさで、時代の流行をあらわしたものではあるが、そのころ、ボードレールも評価していたワグナーの楽劇がより古いヨーロッパの「聖性」の形を追求していた。

そのひとつが「聖杯」で、これは教会のカリスのような見せかけのものではなく、むしろ目に見えない聖なるものなのだという伝説によって、ああでもないこうでもないとさまざまに揣摩臆測された。あるものは、十字架にかかったイエスの脇腹から流れた血を受けとめた杯だといい、あるものは、それを見れば不治の病も立ちどころに癒される奇跡の「石」で、必ずしも「杯」ではないのだともいう。だれも見たことがないものだけにもっともらしい解釈がいくらでも成り立つのだが、それでも日本語で「聖杯」というように、そこには杯の形が想像されたのは自然だった。グラアル（聖杯）とは何かといえば、十三世紀のフランスの作家クレティアン・

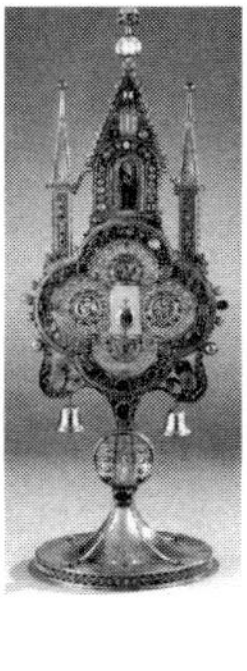
聖遺物箱を兼ねた十四世紀の聖体顕示台
ウィーン美術史美術館

十八世紀の聖体顕示台
ウィーン美術史美術館

ランス大聖堂のカリス

ド・トロアがその『グラアル物語』で使うまでは農村で使われていた桶のようなものでしかなかったともいい、食卓では大皿をさし、たとえばイノシシの丸焼をのせて出したりするものだなどともいう。ある意味で宴会につきものの、「豊饒の皿」で、「豊饒の角」のイメージさえ持つとともに、神話ではこれを妖精や大地母神が持っていることから知られるように、万物を産み出す女神の子宮をあらわすのだともいう。『グラアルのアルバム』をあらわしたフィリップ・ワルテルも、結局結論は出せない。一般には神秘な光を放つ謎の器で、エメラルドのような宝石でできており、そこに入れられているものは、精神の糧でこそあれ、実際に飢えを満たすものではないというようなことのようである。であれば、そのもっとも普通の形はミサで使われるカリスとして一般には認識されていただろう。

グラアルすなわちカリスではない。グラアルとはいかなるものであるかは永遠の謎である。しかしそれを具体的に想像するなら、それはカリス風のものであったろう。形なきものをヨーロッパは二千年にわたってその文化のよりどころとしてきたのである。

3　十字球

キリスト教の象徴としても使われる形で十字つきの球体がある。世界をあらわした球に十字がついており、キリストがそれを持っている形で描かれ、教会の尖塔の上にそれがつくこともある。要するに世界を救う救い主の象徴である。と同時にそれは地上のキリスト教帝国の皇帝の印ともなり、ナポレオンの戴冠式でも出てきたが、チェコやロシアで帝政、あるいは王制がしかれていたころの戴冠式の三点セットも構成していた。日本の三種の神器のようなものだ。王冠と王笏と、この十字球（globus cruciger）である。[64] 王として選ばれた者の前に天から三つの黄金の品物が降ってきたという神話があり、それは王冠でも王笏でも十字球でもなく、軍事、祭式、豊饒をあらわす、犂であり、剣であり、杯であったりする。それとこの十字球ほかのセットとはつながらず、こちらはけっしてインド・ヨーロッパの三機能の象徴ではない。あえていえば王冠が王権そのもの、この十字球が教権で、この両者が一体化したものが祭祀王なのだといっていえなくはないが、それでは王笏は何だろうということになる。一般にこれは軍隊を指揮する指揮杖であるといわれる。であれば、軍と教会と王権を支配する王ということになり、それはそれでいいのかもしれず、王冠がもしかしたら王国の領土をあらわして、すなわち、実りの大地なのだというなら、豊饒をあらわしていることになる。ただいずれにしてもヨーロッパで王権をあらわしたものが十字つきの球であったということは、まず、キリスト教国であるということで、トルコのように三日月ではなかったし、鳳凰でも竜でもなかった。しかしどこでも十字架つき天球が王権の印だったかというと、少なくともフランス王室の紋章ではユリの花が主たるもので、形としてはユリよりは槍を思わせるが、十字架も天球もなかった。もうひとつはフランス王室はフランソワ一世以来火とかげ、サラマンダーを王の印に用いた。神話的なイモリである。動物（四足獣）としてはライオンも熊も牛も一

救い主の象徴を手にしたキリスト
フィネ画 一五三〇年

皇帝の十字球 十二世紀
ウィーン美術史美術館

角獣ですら使われない。王太子はドーファン、イルカと呼ばれたが、イルカが王権の印であったわけではない。アテネはフクロウだが、これはアテネ女神がフクロウを使い神にしていたからである。植物ではカナダがカエデ、レバノンがレバノン杉を国章にしているようなものとしてはフランスのユリしかない。オリーブや月桂樹も王権としては使われない。聖書で象徴的に語られる葡萄、イチジクも特に特定の国の印や、王権には結びつかない。日本のように菊の紋章で皇室をあらわすということはなく、フランスのユリもユリの花であるよりデザイン的である。オーストリアなどは鷲を紋章にしていた。一般に中世の諸侯の紋章がライオンや熊をあしらったものが多かったのに対し、王家ではその種の示威的な紋章は少なく、王冠ですらめったに紋章には出てこなかった。アカンサスやヤシ、棕櫚、オリーブはギリシア文明では神殿に、ヘブライ文明では聖性の象徴として使われたが、王権とは係わりがなかっただろう。稲穂や麦の束でもない。それでも即位式で何らかの樹木の枝を持って新王に触れるというようなことはなかったろうか？　ヨーロッパの民間伝承では人間には生まれたときから随伴する分身樹があり、生まれると同時に生えてきて、それが枯れると人間も死ぬ。その木を切ってきて、それで頭に触れると死ぬともいうし、あるいは人狼伝承ではその木で触れれば、狼が人間に戻るともいう。聖なる樹木としてはギリシア

英国王権の標章

でもガリアでも樫の木が崇拝され、フランスの聖王ルイは樫の木の下で裁きをおこなった。あるいはドルイドは樫の木に寄生するヤドリギを切って祭式をおこない、ウエルギリウスはそれを持って地獄に道を照らしていった。北欧の世界樹はトネリコだが、オリエントではヤシ、オリーブが勝利と王権の印であったようで、パルミラ遺跡からヤシの葉を神から与えられる王の絵がでてきているという。「ヤシの葉は神の存在の表示」であろうと増田精一は見る。オリエントで使われる棕櫚やヤシはヨーロッパの北のほうでは月桂樹やツゲで代用される。復活祭の枝の日曜日の枝がその例だ。そのツゲや月桂樹を教会でもらってくると信者は三つ編みなどにして家々で飾っておく。ポーランドなどで柳が使われるのは編みやすいからだろう。月桂樹の冠なども編んで頭に載せるが、枝がしなやかで、造形しやすいのである。国王の即位式の王冠もまさにこの月桂樹などを編んで載せることがある。キリストの茨の冠は、月桂樹の冠のかわりに嘲笑の対象としてかぶせられたのである。これをフランスの聖王といわれたルイ九世が十字軍の折に高額で買い取ってフランスへ持ち帰ったという伝承があり、今もパリのノートル＝ダムに保存されている。写真で見ると全体をガラスの筒で囲まれて、金ぴかに飾りたてられている。しかし本来は飾りのない茨の輪である。この荊冠をつけて十字架についたキリストを、十字球があらわしているのではないだろうか。

第三章 愛の形

1　考える人――愛されない人

ロダンの地獄の門の上に置かれた《考える人》はダンテをあらわしているのだともいわれるが、あまりそれらしくない。身体つきは近代人である。この形はミケランジェロや、そのミケランジェロを描いたラファエロにもあるとされる。デューラーの《メレンコリアI》の天使の瞑想する姿でもある。メランコリー質の天才の姿勢とされる。人間世界の愛から疎外された天才の孤独をあらわしている。しかし、もっと印象的なものは同じように地獄の様相をじっとみつめているドレのリュシフェールである。神に反逆して地獄に落とされ、しかし、そこに次々に落とされてくる人間たちをみつめる地獄の王となったリュシフェールが、さまざまな人間の業をみつめているのである。『古事記』でも天皇のもがりの様子を二上山の上からじっと見ていた異人の姿が報告される。その山の上の異人はおそらく

上：
堕天使リュシフェール
ドレ画『失楽園』より
1866年頃

下右：
ロダン《考える人》
1902-04年
国立西洋美術館

下左：
デューラー
《メレンコリアI》
1514年

「考える人」と同じ格好をして地上のドラマを見ていただろう。中宮寺の半跏思惟像も同じ姿勢だという。しかしあえていえば、これは「考える人」としての西洋近代人の肖像である。行動人でもない、官能に身をゆだねる蛇にまといつかれた女でもない。ロダンも地獄の門を構想していたころは、「蛇をまとう男」も描いてはいる。しかし、それら人間の愛欲の地獄をみつめる「考える人」には、蛇の性格はない。ミケランジェロでも幸せな結婚生活などには無縁の天才だった。《ピエタ》がおそらく唯一の愛情の表現である。拒絶されていた母親が最後に死んだわが子を抱いて涙を流す場面、それだけがミケランジェロにとっての「愛」の形だった。

2 接吻

接吻（le baiser）とは、英語の「キス」ではないと、フランス語の辞書は力説している。「抱擁」ではない。動詞としてはむしろ交接である。しかし名詞の場合は、単に親しい間のあいさつとしての抱擁もあらわす。Baiser とは何かといわせれば、フランス人にはさまざまな思い入れがあるようである。本来別々な存在である男女が愛の軌跡のなかでひとつに

右：
ミケランジェロ
《ロンダニーニのピエタ》
1559-64年
ミラノ、
スフォルツァ城美術館
左：
ミケランジェロ
《ピエタ》
1498-99年
ヴァティカン、
サン＝ピエトロ大聖堂

なろうとし、しかし、またそれぞれ別々な軌跡をたどって別れてゆく。

ロダンの《接吻》そして《手》、そこにはカミーユ・クローデルとの苦渋に満ちた葛藤があっただろう。男女がたがいに求め合い、絡み合う姿態を描いたこのころの作品の多くにカミーユの手が認められるともいう。カミーユは結局は絶望的に求めていた「先生」から捨てられ、それまでに作った作品をすべて打ち壊して、精神病院にこもって孤独のうちに死んでゆく。

この《接吻》像では、男のほうが《考える人》とさして違わないポーズであるのに対し、女のほうが、全身をあげて必死になって男にしがみついている様子が見られる。手を離したら女は地に倒れるのである。男の首筋に必死にしがみついて、何とか絶望からはい上がろうとしている。できればそのまま恍惚の天へ昇ろうとする。男女の体を螺旋階段にして、愛の糸をつむぎながら天へ昇りたいのである。しかし、絡み合う二人の肉体は地上の重力の掟に支配されている。

男女の接吻はヨーロッパなら普通の光景だが、パリの市役所の前で接吻する男女を写した有名なドワノの写真でも、ハイエスの古典的な雰囲気の絵でも、女が心持ち仰向けになって男の接吻を受け入れている様子

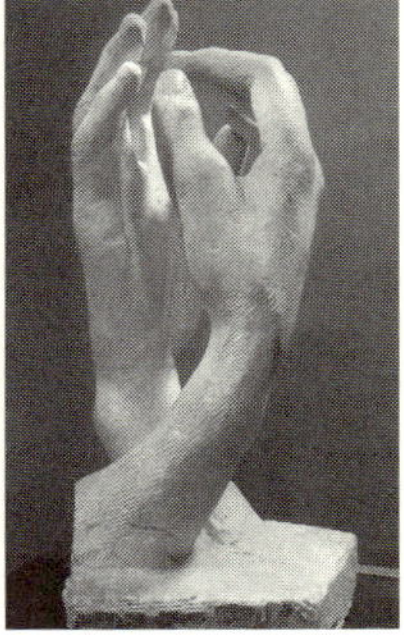

右：
ロダン《手》
1908年
ロダン美術館
左：
ロダン《接吻》
1886年
ロダン美術館

が見られる。カノーヴァの《接吻》はアモールとプシュケを描いていて、ロダンのそれ以上に螺旋形の絡み合いを見せるが、女が完全に横になって受動的なのは、相手が神であって重みが違うから当然でもあるが、いかにヨーロッパの女性が強く、社会的に女性上位の活躍をしているといっても、平均的な「愛」の形としては、このように男がおおいかぶさる形が想像されたのである。クリムトの《接吻》でも男女の構図は同じである。

ロダンの《抱擁》あるいは《接吻》にカミーユ・クローデルの手が入っているという仮説は、カミーユが個人の名前で発表した《ワルツ》と《接吻》を並べてみると、そうかもしれないと思われる。少なくとも「愛」の表現においては、ロダンはカミーユに及ばなかったとも思われる。カミーユのもうひとつの作品《シャクンタラ》では男女の位置が逆転している。

しかし抱擁する男女の顔の位置などはたいした問題ではない。ワルツでも、建前は男性がリードをする。しかし、実質は女性崇拝の儀式である。女をいかに美しく踊らせるか、男はその美の演出家でしかない。そしてそのあとで、ベッドに導いて「聖杯」への口づけにはじまる女神崇拝の儀礼をおこなうのである。カミーユの描いた《シャクンタラ》である。十九世紀において男女の出会いは舞踏会で行われた。二十世紀においてはダンスパーティー、あるいはディスコと名前とそのダンスの形態を変えたが、

右：
ハイエス《接吻》
1859年
ミラノ、ブレラ美術館
左：
カノーヴァ《アモールとプシュケ》
1787-93年
ルーヴル美術館

出会いの場としては同じことだった。そこでは踊る男女の絡み合う姿態はそのまま《抱擁》あるいは《接吻》の姿態に移行し、そして「女神崇拝」の儀礼になるのだった。それは宮廷の舞踏会の現代版でもあったが、その社交的な「舞踏」の文化が成立したのはヨーロッパ中世で、ローマやギリシアではなかった。あるいはヘブライでも知られていなかった。宴会や婚礼ではひたすら飲み食いをし、それもローマでは寝そべりながら飲食を楽しんだが、招待客たちが踊ることはなかった。ヘロデ王の前で踊ったサロメのように宮廷でなぐさみものとして踊り子が踊ることはあったが、廷臣や、貴族が踊ったのはヨーロッパの宮廷が始めてだった。

イエスももちろん生涯独身で過ごしたが、マグダラのマリアだけは献身的な愛を捧げたといわれる。しかしイエスとマリアが出会ったのは、後のヨーロッパ社会のような舞踏会ではなく、イエスが説教に村々を訪れているあいだ、ラザロの家に立ち寄ったときのことだった。

マグダラのマリアはイエスを迎えて、香油をそそいだ。それをイエスの弟子たちは咎めた。しかし、マリアにとって、どんなに貴重なものでも、イエスの体にそそぐのにもったいないということはなかった。彼女はまた、その香油でイエスの足を洗い、その髪でそれをふいたこともあった。いつか、彼女はイエスの行くところどこにでも姿が見られるようになった。十字架にかけられたイエスの足をかき抱いたのも彼女だ

右：
カミーユ・クローデル
《ワルツ》
1895年
ロダン美術館
左：
クローデル《シャクンタラ》
1888年
ベルトラン美術館

った。足にしか触れることを許されなかった女ともいわれた。イエスが死んだあと、その墓に毎日かかさず詣でていたのも彼女だけだった。しかし、三日目、その墓はからっぽだった。

運命にあやつられた男女の葛藤の悲しい結末は死んだ男の墓がからっぽになっていることに驚く女がふっとうしろをふりむいて、おもわず「先生」と叫んだとき、「われにふれるな《ノリ・メ・タンゲレ》」と冷たく突き放されたときにおとずれた。そのとき、ふたりの人生の軌跡はふっと離れてゆく。そのマグダラのマリアの物語は、ロダンに「先生」といってすがろうとしたカミーユの物語にも似ていた。

イエスとマグダラのマリア、そのふたりはもちろん、生と死によってすでに隔てられていたのである。しかし、ヨーロッパの墓地へゆくと、亡き妻をしのぶのか、夫への愛情を断ち切れないのか、墓石の上に置かれた抱擁像で、かたく接吻をかわしているカップルが描かれているのを目にすることがある。口づけがもっとも確かな愛情の印なのだ。

戸外でも、電車の車内などでも人目を気にすることなく男女が接吻をする光景はヨーロッパでは普通のことであり、特にフランスやイタリア、スペイン、あるいは中南米ではそれが顕著かもしれない。一緒に歩いて

十字架にすがるマグダラのマリア
ヴァン・ダイク《磔刑》
1650年頃
ルーヴル美術館

いても、あるいは買い物などをしていても、四、五分に一回くらい接吻をしないと愛情がないとか、ほかの女のことを思っているのだと邪推される。男女の愛情や、人間同士のスキンシップを大事にする文化のせいかもしれない。普通に人と会って挨拶をする場合も、多少親しい間柄の男女なら抱き合って頬に軽く接吻をする。学生同士ではほとんどそれがしきたりの挨拶だし、家族内でもそれがあたりまえである。握手はよそよそしい。その握手すらなじまない文化からヨーロッパに到着すると、接吻のしきたりにとまどうことが少なくないだろう。図像的に見ても、日本人は互いに深々とお辞儀をして挨拶をするように描かれる。路上でもそうだが、他家を訪問したときなど、室内では畳に坐って手をついてお辞儀をする。そんな光景がよく日本の生活風景として描かれる。実際は今はほとんどお辞儀の儀礼はなくなったが、握手や接吻はまだなじまない。抱き合って頬ずりすることは、旧ソ連では共産主義の同士のあいだの習慣だったようで、外交儀礼でもフルシチョフなどはアメリカの大統領でも抱きしめて頬ずりをしていた。これはソ連崩壊後はあまり見られなくなったようだが、イスラム圏では今でも男性同士で頬ずりをすることがあるようである。

イエスに接吻するユダ
ジオット《ユダの裏切り》
1304-05年
パドヴァ、スクロヴェーニ礼拝堂

世界各地にそれぞれの挨拶習慣があるようだが、頬ずり礼はヨーロッパのものとしていいだろう。昔は宮廷では片足をひいて、貴婦人の手をおしいただいて、その指先か手の甲にかるく口をあてる礼式がおもで、男同士でも、帽子をぬいで、それで地面をはくような身振りでお辞儀をしたようだから、抱擁礼はおそらく市民革命以後の庶民文化だろう。ただ、宮廷風俗でもダンスでは抱き合って踊るのが普通で、それも旋回がステップの中心だろう。

接吻の神話では「ユダの接吻」がある。なぜユダが接吻するのかで、単にイエスを捕吏に示すだけなら指をさすだけでも十分だろうし、口で言ってもわかるだろう。接吻が習慣であったなら誰に対してもするだろう。『聖書事典』（日本基督教団出版部）では、家族や親しいもの同士は挨拶代わりに接吻（口と口の接吻）をしたという。また、尊敬や礼拝をあらわすしぐさでもあったという。今でもギリシアでは聖像に口づけをするようで、ギリシアのある会議に出たときに、町を案内してくれたガイド役の女子学生が道端のちいさな礼拝堂でそこに掲げられた聖像に口をつけ頬ずりをしているのを見た。思わずキリストに嫉妬したくなるような光景だった。しかしユダの場合、それが特別の印になるとすれば、彼はふだんは誰にも接吻をせず、イエスにだけ接吻をしていたのではないかと思われる。イエスもまた、誰とも接吻をかわすのではなく、ユダとだけだったかもしれない。女性ではマグダラのマリアとだけ接吻をしていただろうし、マグダラのマリアのほうも、ほかの人にはしないことをイエスにはしていたのかもしれない。香油を足につけたり、自分の髪でそれをぬぐったりすることは誰にでもすることではなく、また、ただの接吻などより、より雄弁に彼女の心を語るものだろう。当時のユダヤ人社会では親しいもののあいだの接吻は習慣的にあったようだが、イエスは家族のないひとりものとして、特に普段接吻をする相手はいなかったのではないだろうか。男ではユダ、女ではマグダラのマリアだけが例外だったと思われる。このふたりだけがイエスの「家族」を構成していた。なお、イエスが誰かと抱擁している図はほかではピエタがあるくらいである。母親も家族も否認して生きたイエスはいつも周りから距離をおいていた。「イエスは弟子たちの中でさえも孤独だった」（遠藤周作『イエスの生涯』）。彼はマグダラのマリアに対しても、復活のあとで、「われにふれるな《ノリ・メ・タンゲレ》」というのである。多少なりとも親密な距離で接触していたのはこのユダと荒野の誘惑の場のサタンだけである。そして、ユダは最後の裏切りを接吻でおこなった。それは相手の言葉を封ずるためでもあり、また最後の問いかけに対する答えを回避するためであったとも見られるが、同時にそれまでもっとも親しいものとして複雑な感情をいだいていたイエスに、あるいはこのときはじめて接吻したのかもしれない。最初で最後の、そしてそれまで打ち解けようとしても打ち解けられずにきたイエスに最後に接吻をして、別れたのかもしれない。絶対の孤独者イエスにとっても、この複雑な心をもった弟子をしっかりと抱きしめたいと幾度思ったかしれない。しかし、その習慣のない彼にはそのような愛情や友情の表現はできなかった。ヨーロッパはこの母親まで否認した孤独者から出ている。「この目に苦しげな色をたたえた青年」（遠藤、同前）。その末裔の孤独者たちはひたすら「人間的なあたたかみ」を求め、肌と肌との接触を求めている。ヨーロッパの男女はたえず肌を接していなければ不安なのだ。

3　禁断の愛

ユダの接吻の意味は重い。神への愛と世俗の愛をルージュモンは『愛について』で、アガペとエロスの違いとした。しかし、肉体の愛をへて神の愛へ至ろうとする人もいる。黒ミサにおいて裸の女の肉体を祭壇として、エロスの祭式をおこなう。そのようなものではなくとも、教会で祝福されたカップルが互いの愛を確かめ合う床のなかの睦みあいが、その神を讃える儀式とどうかかわるのか、あるいは、アベラルドゥスがエロイーズを肉体において愛することは神の愛とは相入れないことなのか、ヨーロッパでは最良の精神がその相克について悩まされてきた。あるいはユダにとっては、その接吻が彼にとっての愛の形であったともいう。

愛の神としてのエロス（クピド）の兄弟である「アンテロス」は本当は何なのか。エロスが愛をかきたて、アンテロスがそれに対する応報をつかさどる。愛にこたえる愛であるともいう。それがなければ、エロスの矢に当たったものはみな片思いに身を焦がさなければならない。愛はふたりのあいだの「関係」で、片方だけで成立するものではない。エロスが誰かに矢をいかけて誰かに対する愛をかきたてたら、急いで、アンテロスがその相手に矢を射って、双方の気持ちが一致するようにする。

しかし、なかなかそうは上手くいかないもので、報われない愛はいくらでもある。捨てられた女の神話だってあるのである。メデアはイアソンのために父の命にそむいて黄金羊をとってやり、ともに逃げるのだが、ギリシアに着くとイアソンはメデアをふりすてる。テセウスに糸球を渡して、迷宮から無事脱出できるようにしてやったアリアドネはテセウスとともに逃れる途中、ナクソス島に置き去りにされる。そこにディオニュソスがやってきて彼女を

右：
目隠しをして矢を射るクピド
ボッティチェリ《プリマヴェラ》部分
1477年頃　ウフィッツィ美術館

左：
ティツィアーノ《クピドに目隠しをするウェヌス》
1565年頃　ボルゲーゼ美術館

抱きしめる。神話ではそうは語らないが、ここはあきらかにアンテロスが働いたのである。

アンテロスはそうではなく、愛をしりぞける神だという解釈もある。エロスは目隠しをして矢を射る。「盲目のクピド」の図像に見るとおりである。まさにめくらめっぽう、矢を射かけるので、当たっては困る人にも矢が当たる。アンテロスがさっそくその毒消しをする。あるいは、盲目の愛ではなく、理性的な愛を育てるのだともいう。つまり愛にはいろいろな形があることになる。いずれにしてもエロスにはアンテロスという兄弟がいる。ティツィアーノの絵では、エロスに目隠しをしてやっているかたわらで、目隠しをせずに弓矢を持った兄弟がそれを批判的なまなざしで見ている。これがアンテロスである。こちらは目隠しをせずに理性的な愛をふさわしい人間にかきたてる。しかし愛は本来盲目的なもので、理性的な恋愛などありえないのだという人もいるだろう。

死者たちのあいだにも愛欲がある。少なくともハデスとプロセルピナは夫婦生活をしている。パオロとフランチェスカのように禁じられた愛のために地獄へおちたものたちはそこでも彼らの愛を継続する。肉体の愛がすべて地獄の愛だという見方もある。それにたいして精神の愛があり、さらに神の愛がある。

神の愛には肉体はなさそうだ。地上の愛は肉の交わりと精神の交わりを含む

だろう。地獄の愛が肉欲だけかどうか不明である。すなわち天上、地上、地下と三つの相で霊肉の相克があり、また相手からの応報の有無があり、その時間差の有無もあろう。時間差は肉体の愛でもあり、愛のパートナー同士が同じ時間、同じリズムで愛を共有できるとは限らない。

あるいは地上で愛するがゆえに相手を傷つけずにはすまないような愛、一歩一歩泥沼にはまりこむような愛もある。許されない愛と知りながらそこへ落ち込んでゆく呪われた恋人たち。彼らにとっては地上がすでに地獄なのである。その愛の地獄である。

これは異性愛についてで、ヨーロッパ的観念での「愛」には親子の愛も兄弟愛もあれば、同性愛も動物との愛もあり、友愛や博愛もあり、慈愛もある。それらさまざまな愛のなかで、排他的に一者との愛にふけるものと、いくつもの愛をない合わせてゆくものもある。親子、兄妹の愛は異性愛であってはならないことになっているが、あえて、その掟をやぶって、近親相姦にのめりこむものもある。神への愛に身を捧げたはずの修道士と修道女が、神を捨てないまま、男女愛をきずくこともある。アベラルドゥスとエロイーズは禁断の愛の段階を通り越して、神の愛と男女愛をない合わせたともいわれる。もとより、それらの複数の関係が互いに衝突する場合もあり、そうでもない場合もあろう。谷崎潤一郎の『猫と庄造と二人のおんな』においては、庄造は猫か女かどちらかを選ぶことを迫られたが、二人でともに同じ猫を溺愛することもあろう。二人の妻が女同志の恋人になることもありえよう。別れられない姉妹が同じ男と結ばれることもあり、姉妹を同時に愛したための悲劇もある。義務と愛に引き裂かれる悲劇は東西いくらでもあるが、その義務が愛情に支えられているというものもあるだろう。西洋の騎士道の貴婦人への愛なるものは、その貴婦人の夫への愛と、騎士の恋人への愛と二重の相克を持ちうることはいうまでもない。彼は恋人にも貴婦人にも、そしてその夫たる彼の主君にも、また神へも同じ大きさの「愛」を捧げなければならない。その相克、あるいは制約がなかったら、ただの不倫になり、騎士道恋愛の崇高さは減ずるだろう。

そのような複雑な関係での不可能な愛をこそヨーロッパ精神は追求していたのだといってもいいかもしれない。複雑に絡み合う男女の接吻像はその文化的な複雑さの表現ではないだろうか?

自由な愛が広く認められている風土で、ともすれば同時に複数の愛を維持しなければならないという葛藤は愛に対する厳格な掟が支配している文化圏より厳しいだろう。

その愛の複雑な様相はブロンズィーノの《愛のアレゴリー》に鮮やかに描き尽くされている。ウェヌスに接吻するエロスはロダンの《接吻》のように体を密着させず、むしろ及び腰に尻を引いている。ウェヌスはエロスの母である。母子婚の陰湿な罪悪感が漂うのである。その横でその禁じられた接吻をそそのかしている少年と少女が「快楽」と「欺瞞」で、少女はさそりを隠しているという。その全体を暗い帳で覆い隠そうとしているのが「時の翁」で、それにたいして、その帳を開けようとしているのが、その娘「真実」である。母と子、あるいはウェヌスとエロスがいて、「快楽」と「欺瞞」がそそのかし、「真実」と「時」がそれを覆い隠し、あるいはさらけだす。ウェヌスの足元には仮面がころがっている。サテュロスとマイナスの仮面ともいう。仮面に隠れて互いに素性を明かさずに結ばれた親子が禁じられた接吻をするところとも見られる。この人物像たちが織りなす絡み合いの姿こそ西欧の愛の二面性を如実にあらわしたものかもしれない。

ブロンズィーノ《愛のアレゴリー》
1545年頃　ロンドン・ナショナル・ギャラリー

画面の上部、背景ともいえるところに帳をかかげる「時の翁」と、その帳をひき開けようとする「真実」は実の父と娘である。ウェヌスとエロスも母子である。その横にいる少年と少女は兄と妹とも見える。いずれも禁じられた愛の絆で結ばれた三組の男女がこの世の愛欲の罪と快楽を描き出しているとも見られるのである。

禁じられた愛のために地獄へ落ちたパオロとフランチェスカの接吻をアングルは美しく描いた。ドアからフランチェスカの嫉妬深い夫が剣を手に入ってくることは承知の上の美しい恋である。この二人が読んでいたランスロとグニエーヴルの不倫の恋も美しい。

普通の社会の男女のむつみあいから排除された芸術家を象徴する「考える人」は、そのアンテロスだとも見られる。みずからは愛に見放されながら、男女の絡み合う姿をひたすら追求していた作家たちである。彼ら、愛にそむかれた芸術家にとって、人間たちは、まるで木に絡まる蛇のように絡み合っている。それを一人、芸術家がじっと見つめるのである。

《考える人》の原型のひとつはデューラーの《メレンコリアⅠ》である。この、世界の破滅の光景を凝視する天使は女なのか男なのかはわからない。ネルヴァルはこれを男女両性と見た。かたわらの丸や四

アングル
《パオロとフランチェスカ》
1819年
アンジェ美術館

角や三角の石材は再建する世界の素材なのか、今建てている家の庭にでも置かれるオブジェなのか、あるいは、「パフォス島のヨハネ」のように、破壊された世界の破片なのかもわからない。その薄明の世界にはどこかメランコリーが漂う。黙示録のようでもあり、創造の書のようでもある世界にはどちらでもないもの、というより、相反する二つの性格が絡み合っているようにも見える。男女両性像のなかには、不可分に結びついていながら決して一体にはならない男女二体がいるのである。エデンの園で知恵の木に絡みついていた蛇もその木の下にいるアダムとイヴの二人をあらわしていたのだ。ミケランジェロの天地創造図では、この蛇は女体に描かれる。ほかの画家はこれをサタン、すなわち男性として描き出す。そもそもミケランジェロでは、その蛇の下半身が二つになって、雌雄二体の蛇のようにも見える。今楽園から追われる男女と、木に絡みついていた蛇とは同じものだった。蛇は一匹のようでいながら、実は二匹いたのである。ヨーロッパを這う巨大な蛇であるメリュジーヌも実は女神でもあり、天の主神でもあった。地母神というものが本来、ひとりで世界を産み出す男性原理を内包した女神なのである。

蛇の絡まる神像ではオルペウス教のパーネス、それにミトラが蛇の絡ま

右：
ミトラ
ローマ時代の彫刻
左：
蛇が絡まる宇宙卵から生まれたパーネス

る姿であらわされる。原初、卵が混沌の海に浮かんでいて、それを蛇が取り巻いていた。卵が割れてそこからパーネスが生まれたとき、卵を取り巻いていた蛇がパーネスに絡まったのである。生まれたときに首に蛇を巻いていたという英雄や神もいる。そのひとりメソポタミアのザッハークだとまさに悪の権化だが、蛇と同衾したオリュンピアから生まれたアレクサンドロスにも似た伝承がある。蛇が誕生のときにかかわっていた英雄は天下を征服する。天空でも長い蛇座が黄道を取り巻いている。蛇が取り巻いた球体が宇宙なのである。ここには男女の違いなどはない。蛇が雌か雄かは問題にならないのである。

おわりに――ローマ二千年の旅の行方

ヨーロッパの街を歩いて、古い建物に入ると、どこでも螺旋階段があって、ねじれた葡萄の木のような手すりがねじくれて屋根裏まで続いているのにつかまって昇ってゆく。ふと見下ろすと、今昇ってきた階段が深い井戸の底のような一階までぐるぐると回っている。それは外壁にそって回っている螺旋階段で、中央が吹き抜けになっているものだが、もっと狭いところでは真ん中の柱から螺旋形に踏み板が出ていて、この場合は真ん中の柱に手すりがまるで木に絡まる蔦か、蛇のようにからまっている。日本では昔は立体的な家屋がなかったから、平屋が街道筋に横に並んでいたものだが、ヨーロッパは早くから立体的な集合住宅が寄り集まって市街をつくっていた。その市街も円い形状で真ん中にロータリーがあって、車はそのロータリーをぐるぐると回りながら、放射状に出ている道路にそれぞれ分散してゆく。そのロータリーが立体化したものが螺旋階段で、大きな駅やオペラ座などで、階段をぐるぐると昇りながら、それぞれの行く先に振り分けられてゆく。螺旋階段やロータリーが立体的な空間に集住した都市人口を分散振り分けてゆくのである。そのもとはアーサー王の宮廷の円卓で、円いテーブルについた人々のあいだに上下はない。集団合議制の形が円形であり、それが立体化した螺旋である。世界を一本の樹木であらわせば、その幾段にも分かれた枝に人々が鳥のように巣をつくる。その枝は同じ所から何本も枝分かれすることはなく、必ず螺旋形に分岐している。それをぐるぐると回りながら昇ってゆけば、天に達する。地獄もまた螺旋階段を回って下りてゆく構造になっている。その奥底に蛇が閉じ込められていたりする。

世界樹にはもともと蛇がまとわりついていた。樹木だけなら自然界だった。そこに知恵の蛇がからまって文化ができ、同時に人は無垢の純真さを忘れ、楽園を追われた。システィナ礼拝堂の天地創造図の世界の中心に生えていた知恵の木に絡まっていた蛇が人間の追放後の行く末を指し示していた。ミケランジェロの描いた世界は「最後の審判」でも雲のひしめく天空に大勢の人間が螺旋状に集まっている。世界は破滅へ向かってか、進歩へ向かってか、螺旋を描いてぐるぐると回っているのである。

サン＝ピエトロの螺旋形の祭壇柱はその世界観をあらわしている。ヨーロッパの人々は祭日にはひねったパンを焼いて、人間の宿命を確認してきた。その根底には蛇がいた。蛇はもちろんたいていの人には嫌われ、怖れられている。しかし、賢明さ、慎重さ、口の堅さ、ひめやかさなどのほかに、その脱皮の習性によって永遠の生命をあらわし、穀物をかすめるネズミを退治するとされ、水辺にあらわれて水流を象徴するとも考えられ、そしてその男性器を想像させる形態から豊饒を保証するともされた。蛇女神メリュジーヌはフランスのポワティエ地方だけのものではなく、ヨーロッパ全域に広がっていた古代の豊饒の蛇信仰から出ている。蛇を紋章にしたコルベールは自由市場の論理をヨーロッパにもたらした代表的な重商主義者であり、蛇形のゼウス・メイリキオスはガリアの地で崇拝された。アポロンの配偶神シロナもアテネのように蛇を持った女神としてあらわされ、ケルトの豊饒神ケルヌンノスも羊頭の蛇を手に持った姿であらわされた。

古代の蛇信仰はキリスト教の受容において屈折した形をとった。蛇は知恵の木に絡まり、その実を食べることを勧めた。楽園の無為の生活より、人は知恵に身を捧げて、科学技術を開発してゆくことを選んだ。それはギリシアでは黄金時代から青銅と鉄器時代への移り変わりに相当した。黄金時代には人は労せずして豊かな実りを手に入れた。青銅や鉄の時代には額に汗して土地を耕して種を播かなければ実りはなかった。しかしそれが当然だったのである。労働と、それによって富を蓄積すること、また技術を革新していって、より多くの富を自然からしぼりとることを人は選択したのだ。車輪と螺旋と蛇がそれを象徴していた。アラビアの荒野で、苦しい行軍に悲鳴を上げると神は炎の蛇を送ってよこした。モーセはそれに対して「青銅の蛇」をつくって建てた。人生は荒野をゆく苦難の行程なのだ。人々は安逸を求め黄金の子牛を崇拝した。モーセの教えは青銅の蛇だった。

そしてなお、渦巻きは聖なる印として機能した。それは回転しなくなって平面に閉ざされた螺旋だった。それが冥界を閉ざす印とされた。あるいは閉ざされた巻物だった。それをほどいていけば生命がそこから躍動した。イオニア式の柱頭はギリシアの秩序《オーダー》をしっかりと押さえていた。ソロモン柱はその渦巻きが柱身全体に転回したもので、動的な渦巻きだった。ギリシア的秩序に対して、ヘブライのダイナミスムがあった。ヘブライの神は契約をふりかざすとともに、契約違反には炎の蛇を送って人を罰し、それを青銅の蛇をつくって祀ればともに敵を粉砕した。キリスト教は戦闘的な宗教だった。ゲルマンの戦士たちは好んでその戦闘の論理にしたがった。蛇を怖れるかわりに、それを手づかみして敵に向かって投げつけ、そうやって世界を征服した。ヨーロッパの軍隊の先鋭は「竜騎兵」と名乗って、竜蛇の旗印を掲げて突進した。

あるいはヨーロッパの科学技術の精華は十九世紀においては蒸気機関車であり、蒸気船だった。蒸気機関車はその後、電気機関車になっても同じで、長い車両をひいて山を越え、野を越えて進む様子をゾラやモーパッサンは竜蛇にたとえた。蒸気船はスクリューを回して世界の海を駆け巡った。スクリューあるいはプロペラはリングをひねって8の字にしたものが基本だった。これを回転させればすなわち回転するねじった円、すなわち螺旋だった。これが航空機にまでなってアフリカやオセアニアの機械文明を知らない人々を驚かせた。

しかし、やがて時代は二千年紀を越えて三千年紀へ入った。プロペラの時代は終わり、ロケット推進の時代になった。ジェット機でも宇宙ロケットでももはやプロペラは使われなかった。竜頭を回してぜんまいを回して駆動していた腕時計も時代遅れになった。電話もプッシュ式になった。回転ドアも左右に開く自動ドアになった。ガラス玉のなかに螺旋のフィラメントを入れていた白熱電球も消え去ろうとしている。ヨーロッパというものが新しい形を模索し始めた。

ローマ時代の円い文字盤を持った水時計以来、時間や速度、それに重さ、高度といったものまで、測定し、それを円形の文字盤に表示し、時間は十二時間経っても次の十三時に続き、二十四時間経ってもまだ同じ文字盤の上を針が回っていた文化が、いつのまにか不思議なものになってきている。時計のゼンマイを巻くという作業がちょっと前までは毎日の必須の作業だった。今は「時計を巻く」ということを知らない世代になった。電話でも壁に取りつけた箱の外側のクランクを回してかけていた。自動車だけではなく、飛行機でも、列車でも、操縦席には無数の計器の円い表示盤があったものだが、最近の機材では四角いモニターに数値で表示されるものが多くなり、操縦席もすっきりしてきた。ものをつくる工場も、チャップリンの『モダンタイムス』のころは、無数の歯車がぐるぐると回っているところだったが、今はそのような歯車が見えるところに出ている製作所は少なくなった。水車や風車、あるいは蒸気機関の昔から、ヨーロッパの機械文明は大きな歯車をぐるぐると回して進んできた。船でも飛行機でも同じようなプロペラを回して進んでいた。しかし最新式の輸送機材はリニアモーターにしろ、ジェット機にしろ、プロペラもスクリューも車輪ですらなくなってきた。車でものを運び、風車で小麦をひき、蒸気機関で歯車を回して物をつくり、運搬し、地球を周回して、技術を前進させ、世界を支配してきたヨーロッパ文明が終焉のときを迎えている。ダイヤルを回して電話をかけ、蛇口をひねって水を出し、鍵を差し込んで回してドアを開けた時代は、プッシュフォン、自動蛇口、自動ドアの時代にはあたかも先史時代の昔のように思われる。それほど新しい世代の人でなくとも、螺旋階段をぐるぐると回って世界遺産の教会の塔に昇らされる度に舌打ちをして、エレベーターをなぜつけないのだという。

そんな時代になっても、しかし、システィナ礼拝堂の《最後の審判》を見て、「轟音のような響き」（下村寅太郎）を感ずる人はまだなくならない。ヴァティカンのピエタ像を見て、そのあと、同じくミケランジェロ作ミラノのロンダニーニのピエタを見る人で、こちらの未完成の石の素材のままのピエタのほうに感動する人もいる。石をみがいて、完成品にするだけが文化ではないことをその人は思い知らされる。ギリシアの博物館でも、プラクシテレスの完成した女神像より、古代のただの石にかすかに鼻と乳房をつけただけの神像に心を打たれる。世界を二千年にわたって支配したローマ帝国以来の西欧科学技術とはいったい何だったのか。世界の歴史のなかで二千年はほんの一瞬でしかない。バロックの時代にすでに支配的であった機能主義、科学主義に対して、柱をひねってみて、ちょっと余計な「遊び」をしてみた人間は、近代人より、日本でいえば縄文の、ヨーロッパでいえば、ケルトの渦巻き文化に近い古代人だったかもしれない。あるいはそれはもっと時代を遡る巨石文化の世界から迷い出てきた亡霊であったかもしれない。しかし、いかに近代が古い時代を否定しようとも、過去は確実に存在し、常にその存在を主張し続ける。DNAの二重螺旋は人類の誕生の時から続いている。そして、そのような意味での本当の人間文化をこそ、「ヨーロッパ」は探し求めてきたのではなかったろうか。エデンの園で始めて出会った生き物である蛇、その本当の意味を知ることはまだはるかに遠いのである。

巨石墳墓の壁面を飾る「三重螺旋」
（アイルランドのニュー・グレンジ遺跡より）

注記

（1）若桑みどりはこのバルダッキーノをとくに「植物的」で、幾何学的な空間にうるおいを与えているという。蔦がからまっているからには「植物的」だが、サン＝ピエトロの天空を模したドームの下の祭壇という空間構造からは、やはり天空へ昇る象徴的な螺旋階段と見られる。
（2）ソロモン神殿、あるいはエルサレム神殿とされるものは、いくども建てられては壊されたようだ。最初はまさしくソロモンが建てたが、ネブカドネザルによって紀元前五八七年に壊されたとされる。二度目はバビロニア捕囚から戻ってきた時にヘロデ王によって建てられたものが、ローマ軍によって七〇年頃破壊される。現在、「嘆きの壁」とされているものがその遺跡の一部であるという。ほかに何箇所か古い神殿の跡とされるものがあるようである。
（3）もとはカリグラとネロがつくった競馬場で、そこで初期キリスト教徒の殉教が行われ、死者はそのままそこに埋められた。
（4）井本英一「星の信仰と民俗」『天空の神話―風と鳥と星』楽浪書院　二〇〇九
（5）もっと顕著な違いは東方教会の聖堂だろう。東京のニコライ堂のようなロシア正教の聖堂、それに東ヨーロッパの木造の教会、いずれも独特な形をもっている。
（6）牡牛、とくに立ち上がった牛の紋はある。紋章学では furieux（憤怒）という。
（7）紋章や国旗のデザインをもってヨーロッパの形を論ずれば、もちろん十字が出てくるのはいうまでもない。ただし本書ではただの十字ではなく、蛇の絡まる十字や、球の上に載った十字を取り上げる。
（8）もちろんマルチニックなどの海外県の出身でフランス文化を担っている人は多数いるが、地域文化を考えるので、人はその地域の枠を越えて移動するが、風土は地域的に限定される。
（9）本書では地理的にはウラルまでをヨーロッパ内のロシアとし、文化的、歴史的にはモスクワ文化圏とキエフ文化圏（現ウクライナ）に限って検討するが、ロシア全体が、現在のEUには入らないので、留保が必要であろう。
（10）ここでは人種、あるいは民族でヨーロッパを規定することはしない。日本人でも中国人でもヨーロッパの文化創造に参加した者は、その限りにおいてはヨーロッパ文化に属するのである。ヨーロッパにヨーロッパ人が到着する前の人々が残した洞窟絵画などもヨーロッパの形には含めて考えたい。

（11）とくにフランスなどでは「多様性のなかのまとまり」こそフランスのアイデンティティだという見方がある（ベルク『風土としての地球』）。ピットも「こうした多様性は、疑問の余地なく、フランスの特性である」という。

（12）アインシュタインはアメリカ国籍をとるが、ドイツ生まれで、スイス国籍になり、ナチス・ドイツからは反逆者として扱われた。国籍や最後の居住地は別にして、彼の理論がヨーロッパの学問の世界で、それを否定しながらも成立したことは動かしがたい。なお、イスラエルは彼を大統領に迎えようとしたことがあり、イスラエル国籍をとる可能性もあったが、ここでまた「ヨーロッパ」についての微妙な問題が出てくる。すなわちイスラエルは国家としてはヨーロッパの国ではないとしていいだろうが、ヨーロッパにいたユダヤ人はどうなるのかで、出身が何であれ、ヨーロッパで活動した者はヨーロッパ文化をつくりあげたとしてもよく、マルクスもフロイトもヨーロッパ人だが、現在、イスラエル国籍を持っている人で、しかし主要な経歴はヨーロッパで展開した人々はどうなるのだろうということだ。

（13）ただ、ここでは芸術の歴史や、科学の歴史よりも、生活文化の形を考える。世界にベートーベンやミケランジェロを超える芸術家が出たかということより、それぞれの時代に芸術文化の花を咲かせた文明の成熟を見、そしてそれらの文化の頂点を生み出した庶民文化の形を見るのである。また、精神文化では、思想家や宗教家に優れた者が中国や日本にも生まれていたし、建築ではピラミッドや万里の長城や、あるいは法隆寺の五重塔以上のものを果たしてヨーロッパが生み出したかどうかわからない。また、自動車や蒸気船や航空機という、ほかでは生まれなかったものも、現在はアメリカでより先進的な形にたどりついているとも見られる。ヨーロッパだけがすべてではない。しかしヨーロッパにしかなかった特異な形もまたあるのである。

（14）渦巻きが四角い場合は「雷紋」と呼び、中国や日本のそれと同じであるとされる（海野ほか）が、ヨーロッパではこれを雷とは関係させず、「鍵紋」という。

（15）「黒船」が細長い船体の形をとるようになるのは、鉄で船体をつくるようになってからで、それまでは、外洋の荒波に耐える船はふくらんだ酒樽の形をしていた。日本にやってきた「南蛮船」あるいは「蘭船」は断面も丸くふくらんでいたが、横から見ても船首と船尾が反り返っていて、これをヨーロッパの十七世紀頃の美術ではほとんど丸く描いている。

(16) ホイジンガ『ホモ・ルーデンス』。彼はヨーロッパにおいては戦争も「遊戯性」をもっていたという。いわゆる「西欧風戦争のしかた」は、確かに騎馬槍試合などと同じく、あるいは盤上のチェスとも似て、儀式とパフォーマンスを重視し、厳格なルールが遵守されていたが、それは騎士階級に限定した場合で、駆り出される兵士や、軍馬に蹂躙される畑で働く農民たち、あるいは侵略軍に略奪され、凌辱される市民にとっては「遊び」どころではなかった。しかし、広い意味で、ヨーロッパでは政治も裁判も戦争も、いわゆる「文化性」、すなわち「遊び」の性格をもっていたのは確かである。

(17)『装飾の神話学』口絵四十、「世界樹と生命の木」の章。

(18) ヨーロッパの王朝は相互に婚姻関係を結び入り混じっていた。スペインとオーストリアがひとつになって、スペイン王が神聖ローマ帝国の皇帝になったが、イギリスに英語をしゃべらない王がドイツからやってきたり、オランダから王を迎えたり、フランスからプランタジネット朝がやって来たりしたが、フランス王はハンガリー王家と姻戚関係を結び、またスペインにもブルボン朝をつくった。ヨーロッパの王朝はひとつであるといってもよかった。王家ではなくとも、庶民でも学生はヨーロッパ中の大学をへ巡ったし、芸術家でも学者でも、迎え入れてくれる宮廷へはどこへでもでかけた。ショパンもキュリー夫人もポーランド人だったが、というよりヨーロッパ人だった。

(19) フクヤマは『歴史の終わり』で、マルクス主義的歴史観や共産主義の終わりを論じたが、必ずしも議会制民主主義を論じたわけではない。むしろすぐれた実利的統治能力のある指導者による市場経済制の推進が生き残りの可能性があることを論じたのであり、市場経済や、科学技術の連続的発展には疑問を抱いていない。ローマ以来の科学技術の絶え間ない進展は乗り遅れの不安を掻き立て、絶えず技術革新をおこなっていなければ競争に勝てないという考えを生んできた。市場経済が技術革新を推進してきたのである。しかし資源の枯渇や、環境の悪化はよりエネルギーを消費しない「古い」「遅れた」社会への回帰をも考えさせてきた。人類の文化は進歩するものだという歴史観が否定されようとしているのである。オセアニアの島では、より古い文化へ遡る移住がおこなわれていた。進んだ繊維や土器文化をもった人々が新しい地平を求めてカヌーで漕いでいって未踏の島に到達した時、そこで繊維文化も土器文化も捨てて、裸の文化に戻って楽園の生活を謳歌することが見られた。食料が十分に手に入る限りは技術革新の必要もなかったし、市場経済も不要だった。温暖な風土では防寒の努力もいらなかった。島の人口密度が過密になると移住がおこなわれた。

(20) タロット十七番「星」は天に大きな星をめぐって七つの星が配置され、地上で水のほとりの女が二つの壺をかたむけて水を流している絵柄である。七つ星と女との図柄は黙示録の赤い竜が天の星をはたき落として地上に下り、赤い衣の女の前にあらわれる光景を思わせる。女の頭上に七つ星が輝き、妊娠していると言われるので、聖母かとも思われる。竜は聖母によって踏み潰されるのか、あるいは、聖母に対して攻撃を加えようとするのかはわからない。竜が水をあらわすのは明らかである。タロットの二つの壺は生の壺と死の壺とも見られる。熱い水と冷たい水であるかもしれない。マルセイユのタロットではひとつの壺、左手で持っている方の壺はしゃがんだ腰にあてられ、子宮を指しているとも見られる。それが大地に注がれているのは、大地の豊穣力を増進させようとしているのであろう。もうひとつの壺は水面に注がれている。こちらが水界の主である竜の性格をあらわしているかもしれない。

(21) この術比べは安倍晴明と道満の術比べを思わせる。しかし、蛇を作り出すところに特徴があるとすれば違うだろう。

(22) この「炎の蛇」はエジプトで、太陽神ラーが人間たちを滅ぼそうとして送った牝ライオン、セクメトと同じもので、沙漠に炎熱の死をもたらすものだった。ほかの地域の洪水神話と共通すると見られる。

(23) この蛇の絡まる十字架をイエスの十字架と重ね合わせた時、すなわち旧約と新約の二つのキリスト教を重ね合わせた時、キリスト教の本質が見えてくる。中沢新一は、ヨーロッパ精神は自由な自然人であったイエスを十字架に釘で打ちつけ「強力な拘束」を課したと見る（『芸術人類学』みすず書房　二〇〇六）。「拘束」が「ヨーロッパ文明の本質」のひとつであるというのだが、デカルトからヴァレリーまでを考えた時に「形式」への信頼が浮き上がってくるように見えるなら、そうかもしれない。シオランがフランス語、あるいは西欧的思考法を「拘束着」であるとして、みずからに課したかせと見ていたのも同じかもしれない。ゴシックの聖堂の形などを見ても、「形式の拘束」はあるかもしれない。しかし、庶民の生活文化を見ると、ヨーロッパ精神が「形」に規制されるものかどうか疑問にも思う。そもそもキリスト教でも「旧約」では蛇は自由に放たれたのである。

(24) 蛇の紋章をフランスでは bisse といい、ボルヌ・ド・グランプレ家、ランタン・ド・モンタニー家などで使われている。ミラノ侯爵の方はミラノ子爵オトンがゴドフロワ・ド・ブイヨンにしたがって十字軍に参加してイスラムの名将ヴォリュックスを討ち取って、敵の兜についていた子供を呑み込む竜の模様を紋章にしたという。これがヴィスコンティ家だった。ミラノ侯爵家はその後、ブランシュ・マリ・ヴィスコンティの婿となったスフォルツァ家に移り、蛇の紋章（ヴイーヴル、あるいはギーヴル）もスフォルツァ家に移る。

(25) ヨーロッパの裸婦像でも、性器をあからさまには描かない。ことに日本の春画のように陰唇を押し広げたような光景は描かれなかった。クールベが《生命の源》で描いたものも閉じた外性器の割れ目がかすかに開きかけているもので、内部の描写はされなかった。ロダンが股を広げて走っている女神イリスを造形しても日本の春画のようにはならなかった。そのかわりということはないが、踊る女、アンドロメダのように縛られて身をよじる女、レダのように白鳥を抱きしめる女は、むしろ好んで描かれた。あるいは裸婦ではないが、ロダンの作か、カミーユ・クローデルのものになるかわからないが、男女の絡みあう手の表現などがあって、「絡みあい」の形は求め合う男女の心をあらわしたものとしてヨーロッパの表現のひとつとなった。この種の造形ではブロンズィーノの《愛のアレゴリー》のエロスとウェヌスの接吻像、カノーヴァの《エロスとプシュケ》などもあった。求め合う男女ではないがクロノスがレアをさらってゆくところ、ハデスがペルセポネをやはりさらってゆくところも男女の絡みあう姿である。

(26) マリオ・プラーツは『ムネモシュネ』で、マニエリスム時代の美の形として、「波打つ階段」と、ブロンズィーノなどの裸女像に見られる「蛇状曲線」をあげている。

(27) もちろん「三人のカリス」はつねに踊っている姿態で描かれる。カノーヴァでも、ラファエロでもそうだ。

(28) 菱川師宣の《見返り美人図》と比べてみると明らかなのは、師宣の「美人」が日常の生活の一コマ的な、町を歩く女がふと振り返った姿であるのに対し、ミロのウェヌスなどはまさに「美」の典型として造形されているということだろう。師宣の女は後を水平に振り返り、ミロのウェヌスでは螺旋型に上方へ向かってゆく。

(29) 海野弘はアイルランドのニュー・グレンジ遺跡の三重螺旋型渦巻き《トリスケル》(二三七頁)を巨石時代のものとし、後のケルト人がそれを利用、模倣したとする(『装飾空間論』)。これが往々にして「ケルト渦巻き」と紹介されるのである。

(30) 「しまいには世の中が真っ赤になつた。さうして、代助の頭を中心としてくるりくるりと焔の息を吹いて回転した。」(『それから』)

(31) 散髪屋のねじり棒はヨーロッパの発明であることは確かだが、たとえば、パリでこれを目にすることはまったくない。古い看板でパン屋とか、仕立て屋、靴屋などの商売の様子を鋳物であらわした「看板」は古い町へ行けば今でも目にすることができるが、理髪店のこれは新しい町はもちろん、古い町でも見かけない。フランスの百科事典ではアメリカほかアングロ・サクソンの国で見られるとある。

(32)「形」論は多くは建築、それも聖堂建築を中心に据える。共同体の中心であり、シンボル的な意味があるからだが、庶民の文化の形としては、普通の住居のほうが大事である。その多くはミケランジェロといった「天才」の手になるものではなく、また、どの地方でも同じような形になりがちではあるが、人の住まいの形は、そこに住む人の着物、食べているものの形とともに、もっとも基本的なもののはずである。

(33) デュルはこのブラゲットについて勃起したファルスそのものとしているが、詰め物をしてふくらませることもあったと述べている。さる武人の墓の横臥像で、このブラゲットを渦巻き模様で盛り上げて描いたものがある。

(34) ギリシア・ローマでは「ズボン」も「パンツ」もなく、「トーガ」「チュニック」などの「寛衣」を来ていた。ズボンは馬に乗って草原を走る「蛮族」のものだった。それがヨーロッパ中世では宮廷風俗において退化し、股引《ホーズ》とちょうちん型ズロース《ブルマーズ》のようなものになった。そのころも庶民は長ズボンをはいていた。宮崎正勝は『モノの世界史』で「ゲルマン民族の大移動」がズボンの始まりという。

(35) これは宮廷風俗で庶民の服装では男女差は少なかった。フォン・ベーンは騎士道華やかなりし時は男女の見分けがつかなかったというが、家庭着の話で、宮廷服ははっきりと男女差があった。

(36) マリオ・プラーツは『ムネモシュネ』の挿絵で、このエナン帽とフランボワイヤンの尖塔を比較している。そのエナン帽から長いリボンが垂れている。これが舞踏会ではエナン帽に螺旋形にまとわりつく。

(37) 戦士の兜が敵を威嚇するために、牛の角などをつけることがあったのは日本も同じだが、中世以降は鎧兜は全身をおおう保護機能を優先させたものになり、無駄な装飾はなくなった。

(38) 聖週間の御輿かつぎの仮面頭巾も顔を隠すものではあるが、と同時に組員の制服でもあって、教区ごとに同じ色の頭巾をかぶって御輿をかついだので、教区名をあらわすものでもあった。それに彼らは必ずしも顔を隠そうとして頭巾をかぶっていたのではなく、悔い改めの印として顔を包んだのである。この三角帽を日本でも学園紛争の頃は自己批判をさせられる反動教師にかぶせられたが、ヨーロッパの中世でも、異端狩りで、つかまったものがこれをかぶせられた。つまり罪人の印だった。

(39) 特に三つ編みの髪について、古代においては夫の死に際し、妻が殉死する風習があったのが、後に編み髪を切って死者の棺桶に入れることでかわるようになったという（Armengaud, *Diable sucré*）。

(40) これについて田中千代の『服飾事典』では「頭の上に舟を載せたり、農園や花壇をこしらえたり、あるいははしごをかけて髪飾りをつけるといったこと」はかつらの風俗であるとしているが、かつらとばかりは限らなかった。

(41) これは歴史的にはアレクサンドロス大王の後継者、リュシマコスの髪型とされる。というより、羊の角をつけた神像があり、エジプトの羊神アンモンの像の模倣かとも思われるが、ヨーロッパでは羊の頭の神、羊の角を耳の脇につけた神像がいくつか見られ、なかには羊の頭の蛇などもいる。おそらく、羊が至高神をあらわし、蛇は冥界をあらわすから、ゼウスが地下へもぐった時は羊頭の蛇になったとするのかとも思われる。なお、大きく輪を描く山羊や羊の角をあしらった杯などがオリエント（スーサなど）からも出土しており、羊神ではなくとも、山羊、羊の大きな丸い角が印象を残したものと思われる。

(42) ヨーロッパでも中世においては、「髪を隠すことは当時のしきたり」で、特に「祈りを捧げる時は、完全に隠すよう要求された」（フォン・ベーン『モードの生活文化史』）。

(43) ヴェネツィアのカーニヴァルの仮面は顔を隠すより、凝った意匠をみせびらかすもので、顔の何倍もあるような巨大なものもある。それに対して北ヨーロッパの仮面舞踏会の仮面は目だけおおって、心理的に保護された感覚を与えるもので、仮面をつけているあいだは何をしても構わないという開放感をもたらす。

(44) マリオ・プラーツは『ムネモシュネ』で、「鬘、ズボン、袖がみな曲線の言語を語る」といい、「曲線形式の極限は螺旋であろう」という。フォン・ベーンも『モードの生活文化史』で、ヨーロッパの衣服が優雅に巻き付けるものであったことを強調する。ズボンをはく、ファスナーで閉める、ヘルメットを装着するといった仕草は二十世紀以前はなかった。

(45) あるいは婚礼の風俗で「ガーター・トス」と称して、新婦が脚につけたガーターをウェディングドレスの襞のなかに顔をつっこんで口ではずして、それを会衆に投げるなどというものも、ヨーロッパの衣装文化のひとつかもしれない。

(46) 主としてドイツからチロルあたりのパン風俗を調べた舟田詠子も「祭りになると、コムギの生地は晴れがましく、意味ありげな形をよそおう」（『パンの文化史』朝日新聞社）という。絵馬のように、本物の犠牲のかわりになるという説明と、祈願の形であるという説明がある。牛を犠牲にするかわりに牛形のパン、豊穣を期待して女性器のパンもと、舟田はいうが、女性器のパンというのは見たことはない。舟田が髪を切って捧げる風習があったので、パン生地で編んだものを供えたといっているのは興味をひく。実はこれらのパンは「御供え」ではなく、たんに食べるためのものなのだが、髪の供え物のかわりという見方はおもしろい。「三つ編みパン」はねじりドーナツの変種としてあちこちで目にするのだが、さして意味なくつくられているところも多いだろう。

(47)麦束で色々なものをつくることは、日本で畳や縄、むしろ、俵、藁靴など多くのものが稲藁でつくられて、文化の形を規制したことと同じで、ヨーロッパでは、この収穫祭の麦束だけではなく、脱穀した後の麦束が寝藁としてベッド用に、あるいはクッション用に売られた。横尾壮英によると、ソルボンヌなどでも、昔は学生は土間に座って教授の話をきいたそうで、そのために麦束を買って持ってゆくものだったという。今でも麦あるいは干し草の束を四角くして、ゴーカートのコースに並べたりしている。麦藁帽、ストロー、あるいは壁土に混ぜるとか、屋根を葺くなどに使われた。

(48)この情報は「ウィキペディア」による。

(49)「印刷術の発明」について、「発明」は中国だといったりするのは「発明」か「工業化」かの違いで、「木版刷り」は古くから中国でも日本でもおこなわれている。その後、「活字」が用いられるようになるが、「印刷術」というにはまだ遠かった。金属活字の鋳造も貨幣の鋳造で早くからおこなわれている。さらに油性インク、ぶどう絞り器など様々な技術を「統合して新しい『モノ』を作った」(宮崎正勝『モノの世界史』)のが「印刷術の発明」である。

(50)シャルトルでは教会の中の床に迷路がある。クレタの宮殿では地下に迷路があった。

(51)フランス文学における森や庭については、拙書『緑の森の文学史―フランス』(楽浪書院　二〇〇八)で論じた。クレーヴの奥方の恋も、ゾラの描いたムーレ神父の罪も森がなければ成り立たなかった。

(52)長尾重武は『ローマ、バロックの劇場都市』で、「バロックの軸線は斜面を上昇する」といい、とくに階段が「上昇のイメージを一挙に開放して見せる」という。

(53)エヴリーヌ＝ペレ・クリスタン『階段』。「ときに段に座り込んだりする」というのはスペイン広場のことだが、現在のバスティーユのオペラの正面から広場へ降りる大階段はまさに人々が座り込む場になっている。

(54)ドイツの国会議事堂でも同じような螺旋階段が見られる。もっともロンドンと同じ建築士ノーマン・フォスターの設計である。なお、内部の議場も円形である。

(55)これは伝説で、『風車小屋だより』はパリの近郊のクラマールで書かれた。しかし、アルルの近郊のフォンヴィエイユに「ドーデの風車小屋」と称するものがあり、必ずしもドーデと無関係ではないらしい。生まれはアルルの隣のニームで、このあたりはよく知っていたし、『風車小屋だより』を書き出す前にはプロヴァンスを旅行している。

(56)ローマですでに座式便器があったというが、個別の椅子ではなく、穴がいくつかあいたベンチだったようだ。
(57)前は有料で、コインを入れなければドアが開かなかったが、無料になってからよく使っていたが、今年から一斉にさらに一回り大きい最新式に取り替えられていた。色々なボタンがあって、節水に協力して下さいなどと耳元でささやくのでびっくりした。
(58)サン＝ティヴォの鐘塔は若桑みどりは貝殻を真似たといっている（『薔薇のイコノロジー』）。
(59)たとえばサマラの螺旋型ミナレットを見ればわかるように、螺旋形建築は石組み特有の形であり、日本の五重塔は木造特有の形だった。
(60)そのあたりのことは川崎寿彦の『森のイングランド』にも図版入りで説明があるが、フランスの森の歴史でもよく紹介されている。
(61)日本でも会津のさざえ堂や、最近の名古屋の螺旋ビルが螺旋のフォルムを表しているというが、あまり成功した形とはいえない。
(62)迷宮や迷路、螺旋、渦巻きはすべて違うものなのに、人は往々にして一緒くたにしていると、迷宮論の著者はなげいている。ヤスコルスキーはリゾームまであげている。
(63)聖堂における垂直の構造、あるいは天の表現はゴシックかルネサンス様式まで待たなければなかった。ローマ時代の地下礼拝堂には天はなく、ロマネスクでも、またルネサンスでもたとえばサンタ・マリア・マジョーレあたりでは格子天井で、ドームでも興隆でもなかった。ドームはコンスタンチノープルで使われ、それが後のイスラムのモスクに流用されるのだが、コンスタンチノープルやギリシアのドームはそれほど背が高くなかった。
(64)この十字球の訳語は日本では固定していない。高知尾仁は『球体遊戯』で「インペリアル・グローブ」としているが、「インペリアル」は誤解を与える表現だろう。なお、同書はオルテリウスの「Theatrum orbis terrarum」の扉に描かれた「十字球」についての考察から始めているが、この書の題名を『地の球形の劇場』としているのはいかがなものかと思われる。Orbis は球体だが、orbis terrarum で「地球」を指す。Theatrum は「劇場」より、この種の書物のタイトルでは「情景」といった意味である。「地球の様子」ぐらいではないだろうか。「球形の劇場」と訳して、そこから『球体遊戯』というタイトルに、あるいはヘッセの『ガラス玉演戯』にまでいくのだが、「地球の様子」ではそうはならない。

参考文献

アダムズ、ヘンリー　モン・サン・ミシェルとシャルトル　法政大学出版局　二〇〇四
アッテンボロー、デイヴィッド　図説 地中海物語　東洋書林　一九九七
アト・ド・フリース　イメージ・シンボル事典　大修館書店　一九八四
アリエス、フィリップ　図説 死の文化史 日本エディタースクール　一九九〇
アレクサンダー、マリア・レヴェツ　塔の思想　河出書房新社　一九七二
アヴェニ、アンソニー　ヨーロッパ祝祭日の謎を解く　創元社　二〇〇六
アンドリュース、マイケル　図説 ヨーロッパの誕生　東洋書林　一九九八
イエイツ、フランセス　魔術的ルネサンス　晶文社　一九八四
同　世界劇場　晶文社　一九七八
ウイント　ルネサンスの異教秘儀　晶文社　一九八六
ウオラギーネ　黄金伝説　人文書院　一九七九
ウオレス=マーフィー、ティム　シンボル・コードの秘密　原書房　二〇〇六
エリアス、ノルベルト　文明化の過程　法政大学出版局　一九七七
エリアーデ　世界宗教史　筑摩書房　一九九一
同　イメージとシンボル　せりか書房　一九七一
オウイディウス　祭暦　国文社　一九九四

オーラー、ノルベルト　中世の旅　法政大学出版局　一九八九
カイヨワ、ロジェ　遊びと人間　講談社　一九七一
カステーヨ、エレーナ他　ユダヤ人の二〇〇〇年　同朋舎　一九九六
カーノードル、ジョージ　ルネサンス劇場の誕生　晶文社　一九九〇
キュモン、フランツ　ミトラの密儀　平凡社　一九九三
ギンズブルク　闇の歴史　せりか書房　一九九三
ギンブタス　古ヨーロッパの神々　言叢社　一九八九
クラットン＝ブロック　馬と人の文化史　東洋書林　一九九七
クーランジュ　古代都市　白水社　一九五〇
クラゴー、キャロル・デイヴィッドスン　建築物を読みとく鍵　ガイアブックス　二〇〇九
グラバール、アンドレ　キリスト教美術の誕生　新潮社　一九六七
同　ユスティニアヌス黄金時代　一九六九
グラマティクス、サクソ　デンマーク人の事績　東海大学出版会　一九九三
グロデッキほか　紀元千年のヨーロッパ　新潮社　一九七六
ケイヒル、トマス　中世の秘蹟　青土社　二〇〇七
ケレイニ　神話と古代宗教　新潮社　一九七二
ケレイニイ　迷宮と神話　弘文堂　一九七三
コズマン、マドレーヌ　ヨーロッパの祝祭典　原書房　一九八六
サザーン　中世の形成　みすず書房　一九七八
シャステル、アンドレ　イタリア・ルネッサンス　新潮社　一九六八
シャルボノー、ジャン　ギリシア・アルカイク美術　新潮社　一九七〇

同　ギリシア・クラシック美術　新潮社　一九七三
同　ギリシア・ヘレニスティク美術　新潮社　一九七五
シュミット、ジャン＝クロード　中世の迷信　白水社　一九九八
シューベルト、エルンスト　名もなき中世人の日常　八坂書房　二〇〇五
シュライバー　道の文化史　岩波書店　一九七一
ジャンメール　デュオニューソス　言叢社　一九九一
スキナー　花の神話と伝説　八坂書房　一九九九
スーデン、デイヴィッド　イギリスの田園生活誌　東洋書林　一九九七
スピーク、ジェニファー　キリスト教美術シンボル事典　大修館書店　一九九七
タイヒェルト、ヴォルフガング　象徴としての庭園　青土社　一九九六
ダニエルー、アラン　ファロスの神話　青土社　一九九六
ダニエル、グリン　メガリス　学生社　一九七六
ダーントン、ロバート　猫の大虐殺　岩波書店　一九九〇
デュメジル　ローマの祭　法政大学出版局　一九九四
デュル　裸体と恥じらいの文化史　法政大学出版局　一九九〇
同　挑発する肉体　法政大学出版局　二〇〇二
同　性と暴力の文化史　法政大学出版局　一九九七
デルマス、クロード　ヨーロッパ文明史　白水社　一九六三
トッド　新ヨーロッパ大全Ⅰ　藤原書店　一九九二
ドマルニュ、ピエール　ギリシア美術の誕生　新潮社　一九六六
トムソン、ジョージ　ギリシア古代社会研究　岩波書店　一九五四

トレンド、スペイン文明史　みすず書房　一九七〇
ハイデンライヒ　イタリア・ルネサンス　新潮社　一九六八
ハインツ=モーア、ゲルト　西洋シンボル事典　八坂書房　二〇〇三
ハーヴェー、ジョン　中世の職人　原書房　一九八六
パース、ジル　螺旋の神秘　平凡社　一九七八
ハーゼル、カール　森が語るドイツの歴史　築地書館　一九九六
ハッブズ、ジョアンナ　マザー・ロシア　青土社　二〇〇〇
バナール、マーティン　ブラック・アテナ　新評論　二〇〇七
パノフスキー　イコノロジー研究　筑摩書房　二〇〇二
同　ゴシック建築とスコラ学　筑摩書房　二〇〇一
バーバー、エリザベス　女の仕事　青土社　一九九六
ハリソン　古代の芸術と祭祀　法政大学出版局　一九七四
バリング=グールド、サビン　ヨーロッパをさすらう異形の物語　柏書房　二〇〇七
バルジーニ、ルイジ　ヨーロッパ人　みすず書房　一九八六
バロルスキー　庭園の牧神　法政大学出版局　二〇〇一
バンディヌルリ、ラヌッツィオ　ローマ美術　新潮社　一九七四
ビーダーマン、ハンス　世界シンボル事典　八坂書房　二〇〇〇
ピーパー、ヤン　迷宮　工作舎　一九九六
ピット、ジャン・ロベール　フランス文化と風景　東洋書林　一九九八
フォシーヨン、アンリ　形の生命　岩波書店　一九六九
同　至福千年　みすず書房　一九七一

フックス　風俗の歴史　角川書店　一九七一
フルムジアーデス、ヨルゴス　ギリシア文化史　一九八九
フレイザー　金枝編　岩波書店　一九五一
フレーザー　図説金枝編　東京書籍　一九九四
ブーリエール、フランソワーズ　ユーラシア　タイムライフ　一九六九
ブラッカー、ローウエ　古代の宇宙論　海鳴社　一九七六
プラーツ、マリオ　ムネモシュネ　ありな書房　一九九九
ブルース、ミランダほか　サイン・シンボル事典　三省堂　一九九七
ブルトン、アンドレ　秘法一七番　人文書院　一九九三
プレスト、ジョン　エデンの園　八坂書房　一九九九
ブローデル、フェルナン　地中海　藤原書店　一九九九
ブロス、ジャック　世界樹木神話　八坂書房　二〇〇〇
ベルク、オギュスタン、風土としての地球　筑摩書房　一九九四
ペレ=クリスタン、エヴリーヌ　階段　白揚社　二〇〇三
ベーン、マックス・フォン　モードの生活文化史　河出書房新社　一九八九、一九九〇
ホイジンガ　中世の秋　中央公論社　一九七一
同　ホモ・ルーデンス　中央公論社　一九七三
ボーサン、フィリップ　ヴェルサイユの詩学　平凡社　一九八六
ホッケ、グスタフ・ルネ　迷宮としての世界　美術出版社　一九六六
ボンヌフォワ、イヴ編　世界神話大事典　大修館書店　二〇〇一
マーク、ロバート　光と風と構造　鹿島出版会　一九九一

マール、エミール　ヨーロッパのキリスト教美術　岩波書店　一九九五
マレー、マーガレット　魔女の神　人文書院　一九九五
マンセッリ、ラウール　西欧中世の民衆信仰　八坂書房　二〇〇二
ミノワ、ジョルジュ　老いの歴史　筑摩書房　一九九六
メネル、スティーブン　食卓の歴史　中央公論社　一九八九
ヤスコルスキー、ヘルムート　迷宮の神話学　青土社　一九九八
ユイスマンス　大伽藍　平凡社　一九九五
ユベール、ジャンほか　カロリング朝美術　新潮社　一九七〇
ユング　人間と象徴　河出書房新社　一九七五
ライト、A・R　イギリスの民俗　岩崎美術社　一九八一
ライプブラントほか　エロスの系譜　鳥影社　二〇〇五
リード　芸術形式の起源　紀伊国屋書店　一九六六
ル・ゴッフ　絵解きヨーロッパ中世の夢　原書房　二〇〇七
レヴィ=ストロース　仮面の道　新潮社　一九七七
同　野生の思考　みすず書房　一九七六
レンフルー、コリン　先史時代と心の進化　講談社　二〇〇八

荒川　紘　東と西の宇宙観　紀伊国屋書店　二〇〇五
安藤直見　ヨーロッパ広場紀行　中世・夢空間への旅　丸善　一九九七
伊藤義教　ペルシャ文化渡来考　岩波書店　一九八〇
井上幸治　ヨーロッパ文明の原型　山川出版社　一九八五

伊藤哲夫　森と楕円　井上書院　一九九二
井本英一　聖なる伝承をめぐって　法政大学出版局　一九九九
同　夢の神話学　法政大学出版局　一九九七
同　神話と民俗のかたち　東洋書林　二〇〇七
馬杉宗夫　ゴシック美術　八坂書房　二〇〇三
同　ロマネスクの美術　八坂書房　二〇〇一
同　パリのノートル・ダム　八坂書房　二〇〇二
同　シャルトル大聖堂　八坂書房　二〇〇〇
海野　弘　空間のフォークロア　駸々堂　一九八〇
同　装飾空間論　美術出版社　一九七六
遠藤周作　イエスの生涯　新潮社　一九七三
遠藤紀勝　ヨーロッパの祭　駸々堂　一九七七
岡田哲史　ピラネージの世界　丸善　一九九三
小川英雄　ローマ帝国の神々　中央公論社　二〇〇三
加茂儀一　騎行・車行の歴史　法政大学出版局　一九八〇
川崎寿彦　庭のイングランド　名古屋大学出版会　一九八三
同　森のイングランド　平凡社　一九八七
木村尚三郎　西欧文明の原像　講談社　一九七四
木股知史　イメージの図像学　白地社　一九九二
清川理一郎　フリーメーソン源流紀行　彩流社　一九九八
栗原茂郎　スラブ吸血伝説考　河出書房新社　一九七〇

高津春繁　ギリシア・ローマ神話辞典　岩波書店　一九六〇
古宇田實　世界の建築　マール社　一九九六
小苅米晛　図像のフォークロア　駸々堂　一九八二
佐藤達生　西洋建築の歴史　河出書房新社　二〇〇五
佐藤達生・木俣元一　図説 大聖堂物語　河出書房新社　二〇〇〇
佐貫亦男　ドイツ道具の旅　光人社　一九八五
同　道具の再発見　講談社　一九七七
佐野洋子　ロシアの神話　三弥井書店　二〇〇八
沢柳大五郎　様式の歴史　美術出版社　一九六三
清水裕之　劇場の構図　鹿島出版会　一九八五
澁澤龍彦　胡桃の中の世界　青土社　一九七四
下村寅太郎　ヨーロッパ遍歴　未来社　一九六一
陣内秀信ほか　地中海都市周遊　中央公論社　二〇〇〇
杉本尚次　住む憩う　日本交通公社　一九八二
世界の建築　バロック　美術出版社　一九六五
高坂知英　ロマネスクの園　リブロポート　一九八九
高知尾仁　球体遊戯　同文館　一九九一
竹内裕二　イタリア中世の山岳都市　彰国社　一九九一
竹下節子　聖母マリア　講談社　一九九八
田中千代　服飾事典　婦人画報社　一九五七
田中英道　法隆寺とパルテノン　祥伝社　二〇〇二

同　ミケランジェロの世界像　東北大学出版会　一九九九
谷川　渥　表象の迷宮　ありな書房　一九九五
田淵安一　西欧人の原像　人文書院　一九七六
鶴岡真弓　装飾の神話学　河出書房新社　二〇〇〇
長尾重武　建築ガイド六　ローマ、バロックの劇場都市　丸善　一九九六
中木康夫　騎士と妖精　音楽の友社　一九九四
中務哲郎　饗宴のはじまり　岩波書店　二〇〇六
中林幸夫　洋家具の歴史と様式　理工学社　一九九〇
中丸　明　絵画で読む聖書　新潮社　一九九七
中村禎里　回転する円のヒストリア　朝日新聞社　一九七九
奈良大学　世界遺産と都市　風媒社　二〇〇一
南條竹則　蛇女の伝説　平凡社　二〇〇〇
西沢文隆　庭園論　相模書房　一九七五
西山　清　聖書神話の解読　中央公論社　一九九八
日清製粉　小麦粉博物誌　文化出版局　一九八五
箱崎総一　柔らかい都市の柔らかい空間　時事通信社　一九七六
原　聖　ケルトの水脈　講談社　二〇〇七
深井晃子　世界服飾史　美術出版社　一九九八
藤田治彦　天体の図像学　八坂書房　二〇〇六
前田耕作　ディアナの森　せりか書房　一九九八
水之江有一　ヨーロッパ文化の源流　丸善　一九九三

三井秀樹　形の美とは何か　日本放送出版協会　二〇〇〇
宮崎正勝　モノの世界史　原書房　二〇〇二
三輪福松　西洋美術の主題と物語　朝日新聞社　一九九六
諸川春樹　西洋絵画史　美術出版社　一九九六
諸川春樹　西洋絵画の主題物語 神話編　美術出版社　一九九七
森田慶一　西洋建築入門　東海大学出版会　一九七一
矢島文夫　オリエントの夢文化　東洋書林　二〇〇七
安田喜憲　大地母神の時代　角川書店　一九九一
同　蛇と十字架　人文書院　一九九四
柳　宗玄　西洋の誕生　八坂書房　二〇〇七
同　かたちとの対話　岩波書房　一九九二
横尾壮英　ヨーロッパ大学都市への旅　リクルート　一九八五
若桑みどり　絵画を読む　日本放送出版協会　一九九三
同　薔薇のイコノロジー　青土社　一九八四
渡邉研司　図説 ロンドン　河出書房新社　二〇〇九

Armengaud, Christine, Diable sucré, Ed de la Martinière, 2000
Baridon, Michel, Les Jardins, Bouquins, 2000
Battistini, Mathilde, Symboles et Allégories, Hazan,2002
Beaulieu, Michel, als, Vêtement, Histoire, archéologie et symboliques au Moyen Age, Cahiers du Léopard d'or, 1989
Blain, Michel, Douze mythes qui ont fondé l'Europe, L'Harmattan, 2007

Bloch, Raymond, Recherches sur les religions de l'Italie antique, Ecole des hautes études à Paris, 1976
Boels Janssen, Nicole, La vie religieuse des matrones dans la Rome archaïque, Ecole française de Rome, 1993
Bordas, Thierry, La mythologie des Celtes et des Vikings, Splendeur, 2003
Borgeaud, Philippe, La mère des dieux, Seuil, 1996
Bonvin, Jacques, La forme et la Pierre,Triske, Pierre de vie, ed. Mosaique, 1997
Bourget, Pierre, les Architectures baroques en France, Leonce Laget
Brunhes, Delamarre, Marie.J, La vie agricole et pastorale dans le monde, Glénat, 1999
Caroutch, Yvonne, le Livre de la Licorne, Pardes
Chapot, Victor, La colonne torse, Ernest Lenou, 1907
Charniguet, Alexis, et als, Cernunnos, dieu Cerf des Gaulois, 2010
Charriere, G. Mythes et réalités sur la plus noble conquête de l'homme et sur son plus perfide ennemi, in Revue de l'histoire des religions, 1974, vol 186
Chauvet, Jean Marie, La Grotte Chauvet, Seuil, 1995
Colin, Didier, Dictionnaire des symboles, des mythes et des légendes, Hachetee, 2000
Darmon, Pierre, Mythologie de la femme dans l'ancienne France, Seuil, 1983
De Sike, Yvonne, Fêtes et croyances populaires en Europe, Bordas, 1994
Deyts, Simone Images des dieux de la Gaule, 1992
Dontenville, Henri, La France mythologique, Veyrier, 1980
Dontenville, Henri, La Mythologie française, Payot, 1998
Duquesne, Jacques, et als, L'Histoire de l'Eglise, Presse de la Renaissance, 2005
Duval, Paul, La vie quotidienne en Gaule, Hachette, 1952

Ellinger, Pierre, Artémis, déesse de tous les dangers, Larousse, 2009

Eliade, The Encyclopia of Religion, Macmillan, 1993

Evangile des queneuilles, Imago, 1987

Fossier, Robert et als, France Médiévale, Gallimard, 1998

Franco, Isabelle, Nouveau Dictionnaire de Mythologie égyptienne, Pygmalion, 1999

Frontisi-Ducroux, Françoise, Dédale, La Découverte, 2000

Frontisi-Ducroux, Françoise,. Le dieu masque, Ecole française de Rome, 1991

Gancel, Hippolyte, les Saints qui guerissent en Normandie, Ouest-France,1988

Gimbutas, Marija, Le langage de la déesse, des Femmes 2005

Gnoli, Raniero, Marmora Romana, dell' Elefante, 1988

Guibal, Jean, Les objets de la vie quotidienne dans les Alpes, Glénat, 1990

Harbison, Peter, L'art médieval en Irlande, Zodiaque, 1998

Hatt, Jean Jacques, Mythes et dieux de la Gaule, Picard, 1989

Huighe, Rene, L'art moderne et le monde, Larousse,1969

Husain, Shahrukh, La grande deésse mère, Taschen,2006

Jean d'Arras, le Roman de Mélusine, 1393

Jost, Madeleine, Aspects de la vie religieuse en Grèce, SEDES, 1992

Kekker, Luzius Georg, Piranèse et les romantiques français, le mythe des escaliers en spirales, Corti, 1966

Lambert, J. et Pieri, G, Symboles et rites de l'ancestralité et de l'immortalité, EUD, 1999

Lecouteux, Claude, Mélusine et le Chevalier au cygne, Imago, 1997

Id. Mondes parallèles : l'univers des croyances du Moyen âge, Champion, 1994

Id. Les Nains et les elfes au Moyen âge, Imago, 1995
Id. La maison et ses génies, Imago, 2000
Le Goff, Jacques et als, Le Charivari, Mouton, 1981
Lehmann, Yves, Religions de l'antiquité, PUF, 1999
Maffesoli, Michel, L'Ombre de Dionysos, Libraire des Meridiens, 1985
Michel, Aime et als, Légendes et traditions de France, Denoel, 1979
Muchambred, Robert, Sorcières, justice et société, Imago,1987
Myriam, Philibert, de Karnunnos au roi Arthur, ed du Rocher, 2008
Napier, David, Masks, Transformation, and Paradox, U. Of California P, 1984
Nerval, Gerard de, Voyage en Orient, 1845 (bibliothègue de la Pléiade, 1956)
Paupert, Anne, Les fileuses et le clerc, Champion, 1990
Pelt, Jean Marie, Variations sur les fêtes et saisons, ed. Le Pommier, 2000
Pierre, Dominique, Les secrets de la mythologie, Seuil, 2001
Pillard, Guy, Le vrai Gargantua, Imago, 1987
Raynach, Salomon, Cultes, Mythes et Religions, R. Laffont, 1996
Renaud, Jean et als, Odin et Thor, dieux des Vikings, Larousse, 2008
Rey-Flaud, Henri, Le charivari, Payot,1985
Ripert, Pierre, Dictionnaire illustré d'archeologie, Lodi, 1999
Roux, Jean-Paul, Montagnes sacrées, Montagnes mythiques, Fayard, 1999
Salin, Edouard, La civilisation mérovingienne, Les Croyances, 1989
Salles, Catherine, Les bas-fonds de l'antiquité, R. Laffont, 1982

Schmidt, Joel, Petite encyclopédie de la mythologie romaine, 2004
Sébillot, Paul, le Folklore de France, Imago, 1983
Secret, Jean, L'art en Périgord, Office de tourisme de Dordogne, 1976
Seidler, Harry,The Grand Tour, Taschen, 2007
Sterckx, Claude, Mythologie du monde celte, Marabout, 2010
Stouff, Louis, Essai sur Mélusine, 1930
Tarrete, Jacques, France préhistorique, Gallimard,1998
Taylor, Joules, Le livre des symboles celtes, ed. Contre-dires, 2007
Teillaud, Muraccioli, René, De la mythologie à la Franc Maçonnerie, DCL, 2000
Thirion, Jacques, Mobilier, Faton, 1998
Trasko, Mary, Histoire des coiffures extraordinaires, Flammarion, 1994
Turcan,Robert, Mithra et le mithraisme, Belles lettres, 1993
Verdon, Jean, La nuit au Moyen Age, Perrin, 1994
Ville de Binche, Le carnaval en Wallonie, Cahiers du folklore wallon, 1962
Vroberg, Maurice, les Fêtes de France, Arthaud, 1935
Walter, Philippe Album du Grâal, NRF, 2009
Id. Merlin ou le savoir du monde, Imago, 2000
Id. Le Gand de verre; le mythe de tristan et Yseut, Artus, 1990
Id. Perceval : le pêcheur et le Grâal, Imago, 2004

あとがき

「ヨーロッパの黄昏」にあたって、これだけの高い精神文化を築いた過去が現在の文化の形としてどのような「形」を残しているかを考えた。人類の文化遺産を弊履のごとく捨てて顧みない「グローバル」世界に、蟷螂の斧であっても、せめてもの抗議を試みたのである。確かにダンテもラブレーも、バッハもモーツアルトも、ミケランジェロでさえ、今の若者たちのネット文化とその風俗には豚に真珠で、名前も聞いたこともない若者が多いかもしれない。しかし、過ぎ去った世であっても、こんな文化があったと思い出してもらえれば望外の喜びである。編集の三宅郁子さんのお骨折りに感謝する。図版の多くを探していただいたのが三宅さんである。なお、ノートル＝ダムのエデンの園の浮彫りの写真は中央大学渡邊浩司氏にお願いした。

二〇一〇年八月

篠田知和基

クリムト《水蛇Ｉ》1904-07年
オーストリア美術館

代表作《接吻》と同じ姿態の女性が水中で蛇に絡まれて恍惚としている。水中では水草が渦巻き模様を見せている。女性の身体は水に溶け込んで、すでに蛇体になっているとも見られる。生命の根源としての水中の夢である。この絵をじっと見ていると原初の生命からのDNAの二重螺旋が浮かんでくる。

著者紹介
篠田知和基（しのだ ちわき）

1943年東京生まれ。パリ大学博士。名古屋大学教授ほかを歴任。現在、甲南大学人間科学研究所客員研究員。比較神話学研究組織GRMC主宰。

著書：『幻影の城－ネルヴァルの世界』（思潮社）、『ネルヴァルの生涯と作品－失われた祝祭』（牧神社）、『土手の大浪－百閒の怪異』（コーベブックス）、『人狼変身譚』（大修館書店）、『竜蛇神と機織姫』（人文書院）、『日本文化の基本形○△□』（勉誠出版）、『空と海の神話学』『緑の森の文学史』（楽瑯書院）、『世界動物神話』（八坂書房）、『天空の世界神話』（編著、八坂書房）ほか。

ヨーロッパの形 ―螺旋の文化史

2010年 9月25日　初版第1刷発行

著　者　篠田知和基
発行者　八坂立人
印刷・製本　モリモト印刷（株）

発行所　（株）八坂書房
〒101-0064 東京都千代田区猿楽町1-4-11
TEL. 03-3293-7975　FAX. 03-3293-7977
URL　http://www.yasakashobo.co.jp

ISBN 978-4-89694-963-6

関連書籍のご案内

世界動物神話

篠田知和基［著］

日本と世界の膨大な動物神話を読み解き比較する、著者渾身の大著！　人間に関わりの深い動物にまつわる膨大な神話、伝説、昔話などを渉猟、現代文学までを視野に入れ、その象徴的な意味を読み解き、日本と世界の神話を比較考察する。参考図版160点。

5400円

天空の世界神話

篠田知和基［著］

日本各地をはじめ、アジア、環太平洋、北米、インド、イスラム圏から東ヨーロッパなどにわたる地域を中心に、天と太陽・月・星などにまつわる神話伝承を、本来の、自然の力への畏敬の念をあらわした物語として再検討。神話研究をリードする15名の碩学による意義ある試み！

4800円

［図説］世界シンボル事典

H・ビーダーマン［著］　藤代幸一［監訳］

世界各地の神話・宗教・民間伝承から魔術・錬金術・秘密結社に至る幅広い領域を対象に、繰り返し現れる重要なシンボルを紹介、解説する。シンボル検索機能も充実した、シンボル図像の一大データベース。項目数530、図版700点余。

7800円

西洋シンボル事典 ―キリスト教美術の記号とイメージ

G・ハインツ＝モーア［著］　野村太郎・小林頼子［監訳］

火、水、食事などの一般語から動植物、聖人名まで475項目を取り上げ、豊富な美術作例とともに解説。さらに約600点の参考図版を掲げ読解の助けとする。入門者から美術研究者まで西洋美術、キリスト教文化理解に欠かせぬ書。

4800円